# De Mediterrane Keuken 2023

Een Culinaire Reis door de Zonovergoten Regio

Sofia Baldrighi

# Inhoud

Marokkaanse tajine met groenten ......................................................................... 9

Sla wraps met kikkererwten en bleekselderij ........................................................ 11

Gegrilde groentespiesjes .................................................................................. 13

Portobello champignons gevuld met tomaten ..................................................... 15

Verwelkte paardebloemgreens met zoete uien .................................................... 17

Selderij en mosterdblad ................................................................................... 18

Krokante groenten en tofu ............................................................................... 19

eenvoudige zoodles ......................................................................................... 21

Wraps met linzen en tomaten ........................................................................... 22

kom mediterrane groenten ............................................................................... 24

Gegrilde groente hummus wrap ........................................................................ 26

Spaanse sperziebonen ..................................................................................... 28

Een rustieke bloemkool en wortelhasj ................................................................ 29

Geroosterde Bloemkool En Tomaten .................................................................. 30

Gebakken eikelpompoen .................................................................................. 32

Gebakken Spinazie Met Knoflook ...................................................................... 34

Courgette gebakken met knoflook en munt ....................................................... 35

Okra-compote ................................................................................................. 36

Paprika's gevuld met zoete groenten ................................................................. 37

Aubergine moussaka ....................................................................................... 39

Druivenbladeren gevuld met groenten ............................................................... 41

Gegrilde Auberginebroodjes ............................................................................. 43

Krokante courgette pannenkoeken .................................................................... 45

Gebak met spinazie en kaas ............................................................................. 47

Broodje komkommer .................................................................................. 49

yoghurt dip ................................................................................................ 50

Tomatenspiesjes ....................................................................................... 51

Tomaten gevuld met olijven en kaas ....................................................... 53

Peper tapenade ......................................................................................... 54

koriander falafel ....................................................................................... 55

Hummus met rode pepers ........................................................................ 57

Dip van witte bonen ................................................................................. 58

Lamsgehakthummus ................................................................................ 59

Aubergine dip ........................................................................................... 60

Plantaardige pannenkoeken ..................................................................... 61

lams bulgur gehaktballen ......................................................................... 63

Komkommer bijt ...................................................................................... 65

Gevulde Avocado .................................................................................... 66

Verpakte pruimen ..................................................................................... 67

Feta en ingelegde artisjokken .................................................................. 68

Tonijn crackers ......................................................................................... 70

Rauwe gerookte zalmgroenten ................................................................ 73

Gemarineerde Citrus Olijven ................................................................... 73

Olijventapenade met ansjovis .................................................................. 75

Manchego-crackers .................................................................................. 77

Burrata Caprese Stapel ............................................................................ 79

Courgette en Ricotta Pannenkoeken met Citroen Knoflook Aioli ......... 81

Komkommers Gevuld Met Zalm ............................................................. 82

Geitenmakreel paté .................................................................................. 84

Een voorproefje van mediterrane vetbommen ........................................ 86

Gazpacho. met avocado ........................................................................... 88

Cups met krabsla .................................................................................. 90
Wrap Salade Met Sinaasappel Dragon En Kip ............................................ 92
Champignons gevuld met feta en quinoa ................................................ 94
Vijf Ingrediënten Falafel Met Knoflook Yoghurtsaus .................................. 96
Citroengarnalen met knoflookolie .......................................................... 98
Krokante sperziebonenfriet met citroen-yoghurtsaus ............................ 100
Huisgemaakte pitabroodjes met zeezout .............................................. 102
Gebakken Spanakopita-dip .................................................................. 103
Gebakken parel en ui dip ..................................................................... 105
Tapenade van rode peper .................................................................... 107
Griekse aardappelschillen met olijven en feta ....................................... 109
Pitabroodje met artisjokken en olijven ................................................. 111
Paella met groenten ............................................................................ 113
Ovenschotel van aubergine en rijst ...................................................... 115
Plantaardige couscous ........................................................................ 117
kushari ............................................................................................... 120
Bulgur met tomaten en kikkererwten ................................................... 123
Maccheroni makreel ........................................................................... 125
Maccheroni met kerstomaatjes en ansjovis .......................................... 127
Risotto met citroen en garnalen ........................................................... 129
Spaghetti met kokkels ......................................................................... 131
Griekse vissoep ................................................................................... 133
Venere Rijst Met Garnalen ................................................................... 135
Pennette met zalm en wodka .............................................................. 137
Carbonara-zeevruchten ....................................................................... 139
Garganelli met courgettepesto en garnalen ......................................... 141
Risotto Met Zalm ................................................................................ 144

Pasta met kerstomaatjes en ansjovis .................................................... 146

Orecchiette met broccoli en worstjes .................................................... 148

Risotto met radicchio en gerookt spek .................................................. 150

biscuitgebak ........................................................................................... 152

Napolitaanse bloemkoolpasta ............................................................... 154

Pasta e Fagioli met sinaasappel en venkel ............................................ 156

Spaghetti met limoen ............................................................................ 158

Pittige Groentecouscous ....................................................................... 160

Pittige gebakken rijst met venkel .......................................................... 162

Marokkaanse couscous met kikkererwten ............................................ 164

Vegetarische paella met sperziebonen en kikkererwten ...................... 166

Knoflookgarnalen met tomaten en basilicum ....................................... 168

Paella Met Garnalen .............................................................................. 170

Linzensalade met olijven, munt en feta ................................................ 172

Kikkererwten met knoflook en peterselie ............................................. 174

Kikkererwtencompote met aubergine en tomaten ............................... 176

Griekse citroenrijst ................................................................................ 178

Knoflook en kruidenrijst ........................................................................ 180

Mediterrane rijstsalade ......................................................................... 182

Frisse bonen-tonijnsalade? ................................................................... 184

Heerlijke pasta met kip ......................................................................... 186

Rijstkom met Taco-smaak ..................................................................... 188

Lekkere macaroni en kaas? ................................................................... 190

Komkommer Olijf Rijst .......................................................................... 192

Smaken van kruidenrisotto ................................................................... 194

Heerlijke Pasta Primavera ..................................................................... 196

Pasta Met Geroosterde Paprika ............................................................ 198

Basilicum Kaas Tomaat Rijst ....................................................... 200

Pasta met tonijn .......................................................................... 202

Panini mix van avocado en kalkoen........................................... 204

Fattoush - Brood van het Midden-Oosten ................................ 206

Glutenvrije focaccia met knoflook en tomaten ........................ 208

Gegrilde champignonburgers .................................................... 210

Mediterrane baba ganoush ....................................................... 212

Meergranen- en glutenvrije broodjes ....................................... 214

# Marokkaanse tajine met groenten

**Bereidingstijd: 20 minuten**

**kooktijd**: 40 minuten

**Porties: 2**

**Moeilijkheidsgraad: gemiddeld**

**Ingrediënten:**

- 2 eetlepels olijfolie
- ½ ui in blokjes
- 1 teentje knoflook, gehakt
- 2 kopjes bloemkoolroosjes
- 1 middelgrote wortel, in stukjes van 1 inch gesneden
- 1 kopje in blokjes gesneden aubergine
- 1 blik hele tomaten met sap
- 1 blik (425 g) kikkererwten
- 2 kleine rode aardappelen
- 1 glas water
- 1 theelepel pure ahornsiroop
- ½ theelepel kaneel
- ½ theelepel kurkuma
- 1 theelepel komijn
- ½ theelepel zout
- 1 tot 2 theelepels harissapasta

**Tips:**

Verhit de olijfolie in een Nederlandse oven op middelhoog vuur. Fruit de ui 5 minuten, af en toe roerend, tot de ui glazig is.

Meng met knoflook, bloemkoolroosjes, wortelen, aubergine, tomaten en aardappelen. Pureer de tomaten met een houten lepel in kleine stukjes.

Voeg kikkererwten, water, ahornsiroop, kaneel, kurkuma, komijn en zout toe en meng. Koken

Als je klaar bent, verminder je het vuur tot medium-laag. Voeg harissapasta toe, dek af en laat ongeveer 40 minuten sudderen tot de groenten gaar zijn. Proef en voeg eventueel kruiden toe. Rust voor het opdienen.

**Voedingswaarden (per 100g):** 293 calorieën 9,9 g vet 12,1 g koolhydraten 11,2 g eiwit 811 mg natrium

# Sla wraps met kikkererwten en bleekselderij

**Bereidingstijd: 10 minuten**
**kooktijd**: 0 minuten
**Porties: 4**
**Moeilijkheidsgraad: Makkelijk**

**Ingrediënten:**

- 1 blik (425 g) natriumarme kikkererwten
- 1 stengel bleekselderij, dun gesneden
- 2 el fijngesneden rode ui
- 2 eetlepels ongezouten tahini
- 3 eetlepels honingmosterd
- 1 eetlepel kappertjes, niet uitgelekt
- 12 blaadjes botersla

**Tips:**

Pureer de kikkererwten in een kom met een aardappelstamper of met de achterkant van een vork tot ze bijna glad zijn. Voeg de bleekselderij, rode ui, tahini, honingmosterd en kappertjes toe aan de kom en roer tot alles goed gemengd is.

Leg voor elke portie drie overlappende slablaadjes op een bord en besprenkel met ¼ van de kikkererwtenpuree en rol op. Herhaal met de resterende slablaadjes en het kikkererwtenmengsel.

**Voedingswaarden (per 100g):** 182 calorieën 7,1 g vet 3 g koolhydraten 10,3 g eiwit 743 mg natrium

# Gegrilde groentespiesjes

**Bereidingstijd: 15 minuten**

**kooktijd**: 10 minuten

**Porties: 4**

**Moeilijkheidsgraad: Makkelijk**

**Ingrediënten:**

- 4 middelgrote rode uien, geschild en in 6 kwartjes gesneden
- 4 middelgrote courgettes, in plakken van 2,5 cm dik gesneden
- 2 vleestomaten, in vieren gesneden
- 4 rode paprika's
- 2 oranje paprika's
- 2 gele paprika's
- 2 eetlepels + 1 theelepel olijfolie

**Tips:**

Verwarm de grill voor op middelhoog vuur. Groenten op spiesjes, afwisselend rode ui, courgette, tomaten en paprika's in verschillende kleuren. Bestrijk ze met 2 eetlepels olijfolie.

Vet de grillroosters in met 1 theelepel olijfolie en gril de groentespiesjes 5 minuten. Draai de spiesjes om en gril ze nog eens 5 minuten of tot ze naar wens gaar zijn. Koel de spiesjes 5 minuten voor het opdienen.

**Voedingswaarden (per 100g):** 115 calorieën 3 g vet 4,7 g koolhydraten 3,5 g eiwit 647 mg natrium

# Portobello champignons gevuld met tomaten

**Bereidingstijd: 10 minuten**
**kooktijd**: 15 minuten
**Porties: 4**
**Moeilijkheidsgraad: gemiddeld**

**Ingrediënten:**

- 4 grote doppen portobello's
- 3 eetlepels extra vergine olijfolie
- Zout en peper naar smaak
- 4 gedroogde tomaten
- 1 kop gehakte mozzarellakaas, verdeeld
- ½ tot ¾ kopje natriumarme tomatensaus

**Tips:**

Verwarm de grill voor op hoge temperatuur. Leg de champignonhoedjes op een bakplaat en besprenkel met olijfolie. Bestrooi met zout en peper. Grill gedurende 10 minuten, draai halverwege de kooktijd de hoedjes van de champignons om, tot ze goudbruin zijn.

Haal van de gril. Leg 1 tomaat, 2 eetlepels kaas en 2 tot 3 eetlepels saus op elke champignondop. Leg de champignonhoedjes op de grill en gril nog 2-3 minuten. Koel 5 minuten voor het opdienen.

**Voedingswaarden (per 100g):** 217 calorieën 15,8 g vet 9 g koolhydraten 11,2 g eiwit 793 mg natrium

## Verwelkte paardebloemgreens met zoete uien

**Bereidingstijd: 15 minuten**
**kooktijd**: 15 minuten
**Porties: 4**
**Moeilijkheidsgraad: Makkelijk**

**Ingrediënten:**

- 1 el extra vergine olijfolie
- 2 teentjes knoflook, gehakt
- 1 Vidalia-ui, dun gesneden
- ½ kopje natriumarme groentebouillon
- 2 bosjes paardebloemspruiten, grof gehakt
- Versgemalen zwarte peper naar smaak

**Tips:**

Verhit de olijfolie in een grote koekenpan op laag vuur. Voeg de knoflook en ui toe en bak 2-3 minuten, af en toe roerend, tot de ui glazig is.

Roer de groentebouillon en het paardebloemgroen erdoor en kook 5-7 minuten, onder regelmatig roeren, tot ze zacht zijn. Bestrooi met zwarte peper en serveer op een hete plaat.

**Voedingswaarden (per 100g):** 81 calorieën 3,9 g vet 4 g koolhydraten 3,2 g eiwit 693 mg natrium

# Selderij en mosterdblad

**Bereidingstijd: 10 minuten**

**kooktijd**: 15 minuten

**Porties: 4**

**Moeilijkheidsgraad: gemiddeld**

**Ingrediënten:**

- ½ kopje natriumarme groentebouillon
- 1 stengel bleekselderij, grof gehakt
- ½ zoete ui, gesnipperd
- ½ grote rode paprika, in dunne plakjes gesneden
- 2 teentjes knoflook, gehakt
- 1 bosje grof gehakte mosterd

**Tips:**

Giet de groentebouillon in een grote gietijzeren koekenpan en breng op middelhoog vuur aan de kook. Voeg bleekselderij, ui, paprika en knoflook toe. Kook onafgedekt ongeveer 3 tot 5 minuten.

Voeg de mosterd toe aan de pan en meng goed. Zet het vuur lager en kook tot de vloeistof verdampt en de groenten slinken. Haal van het vuur en dien heet op.

**Voedingswaarden (per 100g):** 39 calorieën 3,1 g eiwit 6,8 g koolhydraten 3 g eiwit 736 mg natrium

# Krokante groenten en tofu

**Bereidingstijd: 5 minuten**

**kooktijd**: 10 minuten

**Porties: 2**

**Moeilijkheidsgraad: Makkelijk**

**Ingrediënten:**

- 2 el extra vergine olijfolie
- ½ rode ui, fijngehakt
- 1 kopje gehakte boerenkool
- 8 ons (227 g) champignons, in plakjes
- 8 ons (227 g) tofu, in stukjes gesneden
- 2 teentjes knoflook, gehakt
- Een snufje rode pepervlokken
- ½ theelepel zeezout
- 1/8 theelepel versgemalen zwarte peper

**Tips:**

Kook olijfolie in een middelgrote koekenpan met antiaanbaklaag op middelhoog vuur tot het glinstert. Voeg de ui, boerenkool en champignons toe aan de pan. Kook, af en toe roerend, tot de groenten bruin beginnen te worden.

Voeg tofu toe en bak 3-4 minuten tot ze zacht zijn. Voeg de knoflook, rode pepervlokken, zout en zwarte peper toe en bak 30 seconden. Rust voor het opdienen.

**Voedingswaarden (per 100g):** 233 calorieën 15,9 g vet 2 g koolhydraten 13,4 g eiwit 733 mg natrium

# eenvoudige zoodles

**Bereidingstijd: 10 minuten**

**kooktijd**: 5 minuten

**Porties: 2**

**Moeilijkheidsgraad: Makkelijk**

**Ingrediënten:**

- 2 eetlepels avocado-olie
- 2 middelgrote courgettes, in een spiraal gerold
- ¼ theelepel zout
- Versgemalen zwarte peper naar smaak

**Tips:**

Verhit de avocado-olie in een grote koekenpan op middelhoog vuur tot het begint te glinsteren. Voeg de courgette noedels, zout en zwarte peper toe aan de pan en meng. Kook en roer continu tot het zacht is. Heet opdienen.

**Voedingswaarden (per 100g):** 128 calorieën 14 g vet 0,3 g koolhydraten 0,3 g eiwit 811 mg natrium

# Wraps met linzen en tomaten

**Bereidingstijd: 15 minuten**

**kooktijd**: 0 minuten

**Porties: 4**

**Moeilijkheidsgraad: Makkelijk**

**Ingrediënten:**

- 2 kopjes gekookte linzen
- 5 Roma-tomaten, in blokjes
- ½ kopje verkruimelde fetakaas
- 10 grote verse basilicumblaadjes, in dunne plakjes gesneden
- ¼ kopje extra vergine olijfolie
- 1 eetlepel balsamicoazijn
- 2 teentjes knoflook, gehakt
- ½ theelepel rauwe honing
- ½ theelepel zout
- ¼ theelepel versgemalen zwarte peper
- 4 grote groene koolbladeren zonder steel

**Tips:**

Combineer linzen, tomaten, kaas, basilicumblaadjes, olijfolie, azijn, knoflook, honing, zout en zwarte peper en meng goed.

Schik de kruisbloemige groenten op een vlak werkvlak. Schep gelijke hoeveelheden van het linzenmengsel op de randen van de bladeren. Rol ze op en snijd ze doormidden om te serveren.

**Voedingswaarden (per 100g):** 318 calorieën 17,6 g vet 27,5 g koolhydraten 13,2 g eiwit 800 mg natrium

# kom mediterrane groenten

**Bereidingstijd: 10 minuten**

**kooktijd**: 20 minuten

**Porties: 4**

**Moeilijkheidsgraad: gemiddeld**

**Ingrediënten:**

- 2 glazen water
- 1 kop #3 bulgur of quinoa, afgespoeld
- 1½ theelepel zout, verdeeld
- 1 pint (2 kopjes) cherrytomaatjes, gehalveerd
- 1 grote paprika, gehakt
- 1 grote komkommer, gehakt
- 1 kopje Kalamata-olijven
- ½ kopje vers geperst citroensap
- 1 kopje extra vergine olijfolie
- ½ theelepel versgemalen zwarte peper

**Tips:**

Kook water in een middelgrote pan op middelhoog vuur. Voeg bulgur (of quinoa) en 1 theelepel zout toe. Dek af en kook gedurende 15 tot 20 minuten.

Om de groenten in 4 kommen te schikken, verdeelt u elke kom visueel in 5 delen. Leg gekookte bulgur in een gedeelte. Ga verder met tomaten, paprika's, komkommers en olijven.

Klop het citroensap, de olijfolie, de resterende ½ theelepel zout en zwarte peper door elkaar.

Giet de vinaigrette gelijkmatig over 4 kommen. Serveer onmiddellijk of dek af en zet in de koelkast voor later.

**Voedingswaarden (per 100g):** 772 calorieën 9 g vet 6 g eiwit 41 g koolhydraten 944 mg natrium

# Gegrilde groente hummus wrap

**Bereidingstijd: 15 minuten**

**kooktijd**: 10 minuten

**Porties: 6**

**Moeilijkheidsgraad: gemiddeld**

**Ingrediënten:**

- 1 grote aubergine
- 1 grote ui
- ½ kopje extra vergine olijfolie
- 1 theelepel zout
- 6 lavash wraps of een groot pitabroodje
- 1 kopje romige traditionele hummus

**Tips:**

Verhit de grill, grote grillpan of licht geoliede grote koekenpan op middelhoog vuur. Snijd de aubergine en ui in cirkels. Bestrijk de groenten met olijfolie en bestrooi ze met zout.

Kook de groenten aan beide kanten, ongeveer 3 tot 4 minuten per kant. Leg lavash of pitabroodje plat om een kompres te maken. Smeer ongeveer 2 eetlepels hummus op de wrap.

Verdeel de groenten gelijkmatig over de wraps en leg ze aan één kant van de wrap. Vouw voorzichtig de zijkant van het pakket met groenten, verberg ze en vorm een strakke omslag.

Leg de naad met de folie naar beneden en knip hem doormidden of in drieën.

Je kunt elke boterham ook in plasticfolie wikkelen om zijn vorm te behouden en later op te eten.

**Voedingswaarden (per 100g):** 362 calorieën 10g vet 28g koolhydraten 15g eiwit 736mg natrium

# Spaanse sperziebonen

**Bereidingstijd: 10 minuten**

**kooktijd**: 20 minuten

**Porties: 4**

**Moeilijkheidsgraad: Makkelijk**

**Ingrediënten:**

- ¼ kopje extra vergine olijfolie
- 1 grote ui, gesnipperd
- 4 teentjes knoflook, fijngehakt
- 1 pond sperziebonen, vers of bevroren, bijgesneden
- 1½ theelepel zout, verdeeld
- 1 blik (15 ons) tomatenblokjes
- ½ theelepel versgemalen zwarte peper

**Tips:**

Verhit de olijfolie, ui en knoflook; kook 1 minuut. Snijd de sperziebonen in stukjes van 2 cm. Voeg de sperziebonen en 1 theelepel zout toe aan de pan en meng alles door elkaar; kook 3 minuten. Voeg de tomatenblokjes, de resterende ½ theelepel zout en zwarte peper toe aan de pan; blijf nog 12 minuten koken, af en toe roeren. Heet opdienen.

**Voedingswaarden (per 100g):** 200 calorieën 12 g vet 18 g koolhydraten 4 g eiwit 639 mg natrium

# Een rustieke bloemkool en wortelhasj

**Bereidingstijd: 10 minuten**
**kooktijd**: 10 minuten
**Porties: 4**
**Moeilijkheidsgraad: Makkelijk**

**Ingrediënten:**

- 3 eetlepels extra vergine olijfolie
- 1 grote ui, gesnipperd
- 1 eetlepel gehakte knoflook
- 2 kopjes in blokjes gesneden wortelen
- 4 kopjes bloemkoolstukjes, gewassen
- 1 theelepel zout
- ½ theelepel gemalen komijn

**Tips:**

Fruit de olie, ui, knoflook en wortels 3 minuten. Snijd de bloemkool in stukjes van 1 inch of hapklare stukken. Voeg de bloemkool, zout en komijn toe aan de pan en roer om te combineren met de wortels en uien.

Dek af en kook gedurende 3 minuten. Voeg groenten toe en kook nog 3-4 minuten. Heet opdienen.

**Voedingswaarden (per 100g):** 159 calorieën 17 g vet 15 g koolhydraten 3 g eiwit 569 mg natrium

# Geroosterde Bloemkool En Tomaten

**Bereidingstijd: 5 minuten**

**kooktijd**: 25 minuten

**Porties: 4**

**Moeilijkheidsgraad: gemiddeld**

**Ingrediënten:**

- 4 kopjes bloemkool, in stukjes van 1 inch gesneden
- 6 eetlepels extra vierge olijfolie, verdeeld
- 1 theelepel zout, verdeeld
- 4 kopjes cherrytomaatjes
- ½ theelepel versgemalen zwarte peper
- ½ kopje geraspte Parmezaanse kaas

**Tips:**

Verwarm de oven voor op 425 ° F. Voeg de bloemkool, 3 el olijfolie en ½ tl zout toe aan een grote kom en meng goed. Verspreid op de bakplaat in een gelijkmatige laag.

Voeg in een tweede grote kom de tomaten, de resterende 3 el olijfolie en ½ tl zout toe en meng goed. Giet op een andere bakplaat. Leg het bloemkoolblad en het tomatenblad in de oven en bak 17-20 minuten, tot de bloemkool lichtbruin is en de tomaten stevig zijn.

Leg de bloemkool met een spatel in een serveerschaal en garneer met tomaten, zwarte peper en Parmezaanse kaas. Heet opdienen.

**Voedingswaarden (per 100g):** 294 calorieën 14 g vet 13 g koolhydraten 9 g eiwit 493 mg natrium

# Gebakken eikelpompoen

**Bereidingstijd: 10 minuten**

**kooktijd**: 35 minuten

**Porties: 6**

**Moeilijkheidsgraad: gemiddeld**

**Ingrediënten:**

- 2 eikelpompoenen, medium of groot
- 2 el extra vergine olijfolie
- 1 theelepel zout plus meer voor kruiden
- 5 eetlepels ongezouten boter
- ¼ kopje gehakte salieblaadjes
- 2 el verse tijmblaadjes
- ½ theelepel versgemalen zwarte peper

**Tips:**

Verwarm de oven voor op 200 ° F. Snijd de eikelpompoen in de lengte doormidden. Schraap de zaadjes eruit en snijd ze horizontaal in plakken van 2,5 cm dik. Besprenkel de pompoen in een grote kom met olijfolie, bestrooi met zout en meng goed.

Leg de eikelpompoen plat op een bakplaat. Plaats in een bakplaat in de oven en kook de pompoen gedurende 20 minuten. Draai de pompoen om met een spatel en kook nog 15 minuten.

Smelt de boter in een middelgrote pan op middelhoog vuur. Voeg de salie en tijm toe aan de gesmolten boter en bak 30 seconden.

Leg de gekookte pompoenschijfjes op een bord. Giet het boterkruidenmengsel over de pompoen. Breng op smaak met zout en zwarte peper. Heet opdienen.

**Voedingswaarden (per 100g):** 188 calorieën 13 g vet 16 g koolhydraten 1 g eiwit 836 mg natrium

# Gebakken Spinazie Met Knoflook

**Bereidingstijd: 5 minuten**
**kooktijd**: 10 minuten
**Porties: 4**
**Moeilijkheidsgraad: Makkelijk**

**Ingrediënten:**

- ¼ kopje extra vergine olijfolie
- 1 grote ui in dunne plakjes gesneden
- 3 teentjes knoflook, gehakt
- 6 zakken babyspinazie, gewassen
- ½ theelepel zout
- 1 citroen, in achtsten gesneden

**Tips:**

Fruit in een grote koekenpan de olijfolie, ui en knoflook 2 minuten op middelhoog vuur. Voeg een zak spinazie en ½ theelepel zout toe. Dek de pan af en laat de spinazie 30 seconden slinken. Herhaal deze stap (laat het zout weg) en voeg 1 zak spinazie per keer toe.

Zodra alle spinazie is toegevoegd, verwijdert u het deksel en kookt u 3 minuten, zodat een deel van het vocht kan verdampen. Serveer warm met een scheutje citroen erover.

**Voedingswaarden (per 100g):** 301 calorieën 12g vet 29g koolhydraten 17g eiwit 639mg natrium

# Courgette gebakken met knoflook en munt

**Bereidingstijd: 5 minuten**
**kooktijd**: 10 minuten
**Porties: 4**
**Moeilijkheidsgraad: Makkelijk**

**Ingrediënten:**

- 3 grote groene courgettes
- 3 eetlepels extra vergine olijfolie
- 1 grote ui, gesnipperd
- 3 teentjes knoflook, gehakt
- 1 theelepel zout
- 1 theelepel gedroogde munt

**Tips:**

Snijd de courgette in blokjes van ½ cm. Fruit de olijfolie, ui en knoflook 3 minuten onder voortdurend roeren.

Voeg de courgette en het zout toe aan de pan en roer om te combineren met de ui en knoflook, kook gedurende 5 minuten. Voeg de munt toe aan de pan en roer om te combineren. Kook nog 2 minuten. Heet opdienen.

**Voedingswaarden (per 100g):** 147 calorieën 16 g vet 12 g koolhydraten 4 g eiwit 723 mg natrium

# Okra-compote

**Bereidingstijd: 55 minuten**

**kooktijd**: 25 minuten

**Porties: 4**

**Moeilijkheidsgraad: Makkelijk**

**Ingrediënten:**

- ¼ kopje extra vergine olijfolie
- 1 grote ui, gesnipperd
- 4 teentjes knoflook, fijngehakt
- 1 theelepel zout
- 1 pond verse of bevroren okra, schoongemaakt
- 1 blik (15 ons) gewone tomatensaus
- 2 glazen water
- ½ kopje verse koriander, fijngehakt
- ½ theelepel versgemalen zwarte peper

**Tips:**

Mix en bak de olie, ui, knoflook en zout 1 minuut. Voeg okra toe en kook gedurende 3 minuten.

Tomatensaus, water, koriander en zwarte peper toevoegen; meng, dek af en kook gedurende 15 minuten, af en toe roerend. Heet opdienen.

**Voedingswaarden (per 100g):** 201 calorieën 6 g vet 18 g koolhydraten 4 g eiwit 693 mg natrium

# Paprika's gevuld met zoete groenten

**Bereidingstijd: 20 minuten**

**kooktijd**: 30 minuten

**Porties: 6**

**Moeilijkheidsgraad: gemiddeld**

## Ingrediënten:

- 6 grote paprika's in verschillende kleuren
- 3 eetlepels extra vergine olijfolie
- 1 grote ui, gesnipperd
- 3 teentjes knoflook, gehakt
- 1 wortel, gehakt
- 1 blik (16 ons) kikkererwten, afgespoeld en uitgelekt
- 3 kopjes gekookte rijst
- 1½ theelepel zout
- ½ theelepel versgemalen zwarte peper

**Tips:**

Verwarm de oven voor op 350 ° F. Zorg ervoor dat u paprika's kiest die rechtop kunnen staan. Snijd de dop van de paprika's en schep de zaadjes eruit, bewaar de dop voor later. Leg de paprika's in de ovenschaal.

Verhit olie, ui, knoflook en wortel gedurende 3 minuten. Voeg kikkererwten toe. Kook nog 3 minuten. Haal de pan van het vuur en giet de gekookte ingrediënten in een grote kom. Voeg rijst, zout en peper toe; mix om te combineren.

Vul elke paprika ondersteboven en plaats de doppen terug. Bedek de ovenschaal met aluminiumfolie en bak gedurende 25 minuten. Verwijder de folie en bak nog 5 minuten. Heet opdienen.

**Voedingswaarden (per 100g):** 301 calorieën 15 g vet 50 g koolhydraten 8 g eiwit 803 mg natrium

# Aubergine moussaka

**Bereidingstijd: 55 minuten**

**kooktijd**: 40 minuten

**Porties: 6**

**Moeilijkheidsgraad: moeilijk**

**Ingrediënten:**

- 2 grote aubergines
- 2 theelepels zout, verdeeld
- Spray olijfolie
- ¼ kopje extra vergine olijfolie
- 2 grote uien, in plakjes
- 10 teentjes knoflook, in plakjes
- 2 blikjes (15 ons) tomatenblokjes
- 1 blik (16 ons) kikkererwten, afgespoeld en uitgelekt
- 1 theelepel gedroogde oregano
- ½ theelepel versgemalen zwarte peper

**Tips:**

Snijd de aubergine horizontaal in ronde schijven van ¼ inch dik. Bestrooi de aubergineplakjes met 1 theelepel zout en leg ze 30 minuten in een vergiet.

Verwarm de oven voor op 250 ° F. Dep de plakjes aubergine droog met keukenpapier en besproei elke kant met olijfoliespray of bestrijk elke kant lichtjes met olijfolie.

Vouw de aubergines in een enkele laag op de bakplaat. Zet in de oven en kook gedurende 10 minuten. Gebruik vervolgens een spatel om de plakjes om te draaien en bak nog 10 minuten.

Fruit olijfolie, ui, knoflook en de resterende 1 theelepel zout. Kook gedurende 5 minuten, roer zelden. Voeg tomaten, kikkererwten, oregano en zwarte peper toe. Laat 12 minuten sudderen, af en toe roeren.

Gebruik een diepe braadpan en begin met laagjes, te beginnen met de aubergine en dan de saus. Herhaal tot alle ingrediënten op zijn. Bak gedurende 20 minuten. Haal uit de oven en dien heet op.

**Voedingswaarden (per 100g):** 262 calorieën 11 g vet 35 g koolhydraten 8 g eiwit 723 mg natrium

# Druivenbladeren gevuld met groenten

**Bereidingstijd: 50 minuten**

**kooktijd**: 45 minuten

**Porties: 8**

**Moeilijkheidsgraad: gemiddeld**

**Ingrediënten:**

- 2 kopjes witte, gespoelde rijst
- 2 grote tomaten, fijngehakt
- 1 grote ui, fijngehakt
- 1 groene ui, fijngehakt
- 1 kopje verse Italiaanse peterselie, fijngehakt
- 3 teentjes knoflook, gehakt
- 2½ theelepel zout
- ½ theelepel versgemalen zwarte peper
- 1 pot (16 ons) druivenbladeren
- 1 kopje citroensap
- ½ kopje extra vergine olijfolie
- 4 tot 6 kopjes water

**Tips:**

Combineer de rijst, tomaten, uien, groene uien, peterselie, knoflook, zout en zwarte peper. Giet de druivenbladeren af en spoel ze af. Bereid een grote pan voor door een laag druivenbladeren op de bodem te leggen. Leg elk blad plat en snijd de stelen in plakjes.

Leg 2 eetlepels van het rijstmengsel aan de basis van elk blad. Vouw de zijkanten om en rol dan zo strak mogelijk op. Plaats de opgerolde druivenbladeren in de pot en stapel elk opgerold druivenblad op elkaar. Ga door met het leggen van de opgerolde druivenbladeren.

Giet het citroensap en de olijfolie voorzichtig over de druivenbladeren en voeg zoveel water toe dat de druivenbladeren 2,5 cm onder water staan. Plaats een dik bord kleiner dan de potopening ondersteboven op de druivenbladeren. Dek de pan af en kook de bladeren gedurende 45 minuten op middelhoog vuur. Zet 20 minuten apart voor het opdienen. Serveer warm of koud.

**Voedingswaarden (per 100g):** 532 calorieën 15 g vet 80 g koolhydraten 12 g eiwit 904 mg natrium

# Gegrilde Auberginebroodjes

**Bereidingstijd: 30 minuten**

**kooktijd**: 10 minuten

**Porties: 6**

**Moeilijkheidsgraad: gemiddeld**

**Ingrediënten:**

- 2 grote aubergines
- 1 theelepel zout
- 4 ons geitenkaas
- 1 kopje ricotta
- ¼ kopje verse basilicum, fijngehakt
- ½ theelepel versgemalen zwarte peper
- Spray olijfolie

**Tips:**

Snijd de bovenkant van de aubergines af en snijd de aubergines in de lengte in plakken van een halve centimeter dik. Bestrooi de plakjes met zout en leg de aubergines 15-20 minuten in een vergiet.

Klop geitenkaas, ricotta, basilicum en peper los. Verhit de grill, grillpan of licht geoliede koekenpan op middelhoog vuur. Droog de plakjes aubergine en besprenkel ze lichtjes met olijfolie. Leg de aubergines op de grill, braadpan of braadpan en bak 3 minuten aan elke kant.

Haal de aubergines van het vuur en laat ze 5 minuten afkoelen. Om op te rollen, legt u de plak aubergine plat, legt u een eetlepel van het kaasmengsel op de bodem van de plak en rolt u deze op. Serveer onmiddellijk of zet in de koelkast tot het klaar is om te serveren.

**Voedingswaarden (per 100g):** 255 calorieën 7 g vet 19 g koolhydraten 15 g eiwit 793 mg natrium

# Krokante courgette pannenkoeken

**Bereidingstijd: 15 minuten**

**kooktijd**: 20 minuten

**Porties: 6**

**Moeilijkheidsgraad: Makkelijk**

**Ingrediënten:**

- 2 grote groene courgettes
- 2 eetlepels Italiaanse peterselie, fijngehakt
- 3 teentjes knoflook, gehakt
- 1 theelepel zout
- 1 kopje meel
- 1 groot losgeklopt ei
- ½ kopje water
- 1 theelepel bakpoeder
- 3 kopjes plantaardige of avocado-olie

**Tips:**

Pureer de courgette in een grote kom. Voeg de peterselie, knoflook, zout, bloem, ei, water en gist toe aan de kom en meng. Verhit de olie in een grote koekenpan of friteuse op middelhoog vuur tot 365 ° F.

Laat het beslag met een lepel in de hete olie vallen. Keer de donuts met een schuimspaan en bak ze in ongeveer 2 tot 3 minuten goudbruin. Giet de donuts uit de olie en leg ze op een bord met keukenpapier. Serveer warm met romige tzatziki of romige traditionele hummus om te dippen.

**Voedingswaarden (per 100g):** 446 calorieën 2 g vet 19 g koolhydraten 5 g eiwit 812 mg natrium

## Gebak met spinazie en kaas

**Bereidingstijd: 20 minuten**

**kooktijd**: 40 minuten

**Porties: 8**

**Moeilijkheidsgraad: moeilijk**

**Ingrediënten:**

- 2 el extra vergine olijfolie
- 1 grote ui, gesnipperd
- 2 teentjes knoflook, gehakt
- 3 zakken (1 pond) babyspinazie, gewassen
- 1 kopje fetakaas
- 1 groot losgeklopt ei
- Bladerdeeg bladerdeeg

**Tips:**

Verwarm de oven voor op 375 ° F. Verhit de olijfolie, ui en knoflook 3 minuten. Voeg zak voor zak de spinazie toe aan de pan en laat het tussen elke zak slinken. Meng met een tang. Kook 4 minuten. Zodra de spinazie gaar is, verwijder overtollig vocht uit de pan.

Combineer de fetakaas, het ei en de gekookte spinazie in een grote kom. Leg het bladerdeeg plat op een werkvlak. Snijd het deeg in vierkanten van 3 inch. Leg een eetlepel van het spinaziemengsel in het midden van het bladerdeegvierkant. Vouw een hoek van het vierkant naar de diagonale hoek om een driehoek te vormen. Krimp de randen van het deeg door op de tanden van een vork te drukken om ze samen te brengen. Herhaal totdat alle vakjes gevuld zijn.

Plaats de cakes op een bakplaat bekleed met bakpapier en bak ze 25-30 minuten of tot ze goudbruin zijn. Serveer warm of op kamertemperatuur.

**Voedingswaarden (per 100g):**503 calorieën 6 g vet 38 g koolhydraten 16 g eiwit 836 mg natrium

# Broodje komkommer

**Bereidingstijd: 5 minuten**
**kooktijd**: 0 minuten
**Porties: 12**
**Moeilijkheidsgraad: Makkelijk**

**Ingrediënten:**

- 1 komkommer, in plakjes
- 8 sneetjes volkorenbrood
- 2 eetlepels roomkaas, mild
- 1 eetlepel gehakte bieslook
- ¼ kopje avocado, geschild, ontpit en gepureerd
- 1 theelepel mosterd
- Zout en peper naar smaak

**Tips:**

Smeer de gepureerde avocado op elke boterham, besmeer ook de overige ingrediënten behalve de plakjes komkommer.

Verdeel de plakjes komkommer over de sneetjes brood, snijd elk sneetje in drie stukken, schik op een schaal en serveer als aperitief.

**Voedingswaarden (per 100g):** 187 calorieën 12,4 g vet 4,5 g koolhydraten 8,2 g eiwit 736 mg natrium

# yoghurt dip

**Bereidingstijd: 10 minuten**
**kooktijd**: 0 minuten
**Porties: 6**
**Moeilijkheidsgraad: Makkelijk**

**Ingrediënten:**

- 2 kopjes Griekse yoghurt
- 2 eetlepels pistachenoten, geroosterd en gehakt
- Een snufje zout en witte peper
- 2 eetlepels gehakte munt
- 1 el kalamata-olijven, ontpit en fijngehakt
- ¼ kopje za'atar-kruiden
- ¼ kopje granaatappelpitjes
- 1/3 kopje olijfolie

**Tips:**

Meng de yoghurt met pistachenoten en de rest van de ingrediënten, klop goed, verdeel in kleine kopjes en serveer met pitabroodjes.

**Voedingswaarden (per 100g):** 294 calorieën 18 g vet 2 g koolhydraten 10 g eiwit 593 mg natrium

# Tomatenspiesjes

**Bereidingstijd: 10 minuten**

**kooktijd**: 10 minuten

**Porties: 6**

**Moeilijkheidsgraad: Makkelijk**

**Ingrediënten:**

- 1 stokbrood, in plakjes
- 1/3 kopje basilicum, gehakt
- 6 tomatenblokjes
- 2 teentjes knoflook, gehakt
- Een snufje zout en zwarte peper
- 1 theelepel olijfolie
- 1 eetlepel balsamicoazijn
- ½ theelepel knoflookpoeder
- Bak spray

**Tips:**

Leg de plakjes stokbrood op een met bakpapier beklede bakplaat, bestrijk ze met kookspray. Bak gedurende 10 minuten op 400 graden.

Meng de tomaten met de basilicum en de rest van de ingrediënten, meng goed en zet 10 minuten opzij. Verdeel het tomatenmengsel over elk stokbrood, schik ze allemaal op een bord en serveer.

**Voedingswaarden (per 100g):** 162 calorieën 4 g vet 29 g koolhydraten 4 g eiwit 736 mg natrium

# Tomaten gevuld met olijven en kaas

**Bereidingstijd: 10 minuten**

**kooktijd**: 0 minuten

**Porties: 24**

**Moeilijkheidsgraad: Makkelijk**

**Ingrediënten:**

- 24 kerstomaatjes, afgesneden en uitgehold
- 2 eetlepels olijfolie
- een theelepel rode pepervlokken
- ½ kopje fetakaas, verkruimeld
- 2 eetlepels zwarte olijvenpasta
- ¼ kopje munt, gescheurd

**Tips:**

Meng in een kom de olijvenpasta met de rest van de ingrediënten behalve de kerstomaatjes en meng goed. Vul de kerstomaatjes met dit mengsel, schik op een bord en serveer als aperitief.

**Voedingswaarden (per 100g):** 136 calorieën 8,6 g vet 5,6 g koolhydraten 5,1 g eiwit 648 mg natrium

# Peper tapenade

**Bereidingstijd: 10 minuten**

**kooktijd**: 0 minuten

**Porties: 4**

**Moeilijkheidsgraad: Makkelijk**

**Ingrediënten:**

- 7 ons geroosterde rode paprika, gehakt
- ½ kopje Parmezaanse kaas, geraspt
- 1/3 kopje peterselie, gehakt
- 14 ons ingeblikte artisjokken, uitgelekt en gehakt
- 3 eetlepels olijfolie
- ¼ kopje kappertjes, uitgelekt
- 1 en ½ el citroensap
- 2 teentjes knoflook, gehakt

**Tips:**

Meng in een blender de rode paprika met de Parmezaanse kaas en de rest van de ingrediënten en meng goed. Verdeel over kopjes en serveer als tussendoortje.

**Voedingswaarden (per 100g):** 200 calorieën 5,6 g vet 12,4 g koolhydraten 4,6 g eiwit 736 mg natrium

# koriander falafel

**Bereidingstijd: 10 minuten**

**kooktijd**: 10 minuten

**Porties: 8**

**Moeilijkheidsgraad: Makkelijk**

**Ingrediënten:**

- 1 kop kikkererwten uit blik
- 1 bosje peterselie
- 1 gele ui, gesnipperd
- 5 teentjes knoflook, gehakt
- 1 theelepel gemalen koriander
- Een snufje zout en zwarte peper
- ¼ theelepel cayennepeper
- ¼ theelepel zuiveringszout
- ¼ theelepel gemalen komijn
- 1 theelepel citroensap
- 3 eetlepels tapiocameel
- Olijfolie om te frituren

**Tips:**

Combineer de bonen in een keukenmachine met peterselie, ui en de rest van de ingrediënten behalve de olie en bloem en meng goed. Doe het mengsel in een kom, voeg de bloem toe, meng goed, vorm 16 balletjes van het mengsel en druk ze een beetje plat.

Verhit de pan op middelhoog vuur, voeg de falafels toe, kook 5 minuten aan beide kanten, doe ze in keukenpapier, giet overtollig vet af, leg ze op een schaal en serveer als aperitief.

**Voedingswaarden (per 100g):** 122 calorieën 6,2 g vet 12,3 g koolhydraten 3,1 g eiwit 699 mg natrium

# Hummus met rode pepers

**Bereidingstijd: 10 minuten**

**kooktijd**: 0 minuten

**Porties: 6**

**Moeilijkheidsgraad: Makkelijk**

## Ingrediënten:

- 6 ons geroosterde rode pepers, geschild en fijngehakt
- 16 ons ingeblikte kikkererwten, uitgelekt en gespoeld
- ¼ kopje Griekse yoghurt
- 3 eetlepels tahinpasta
- Sap van 1 citroen
- 3 teentjes knoflook, gehakt
- 1 eetlepel olijfolie
- Een snufje zout en zwarte peper
- 1 eetlepel gehakte peterselie

**Tips:**

Combineer in een keukenmachine de rode peper met de rest van de ingrediënten behalve de olie en peterselie en meng goed. Voeg olie toe, pulseer opnieuw, verdeel in kopjes, bestrooi met peterselie en serveer als spread.

**Voedingswaarden (per 100g):** 255 calorieën 11,4 g vet 17,4 g koolhydraten 6,5 g eiwit 593 mg natrium

# Dip van witte bonen

**Bereidingstijd: 10 minuten**
**kooktijd**: 0 minuten
**Porties: 4**
**Moeilijkheidsgraad: Makkelijk**

**Ingrediënten:**

- 15 ons ingeblikte witte bonen, uitgelekt en gespoeld
- 6 ons ingeblikte artisjokharten, uitgelekt en in vieren gedeeld
- 4 teentjes knoflook, gehakt
- 1 eetlepel gehakte basilicum
- 2 eetlepels olijfolie
- Sap van ½ citroen
- schil van ½ citroen, geraspt
- Zout en peper naar smaak

**Tips:**

Combineer de bonen in een keukenmachine met de artisjokken en de rest van de ingrediënten behalve de olie en meng goed. Voeg geleidelijk olie toe, meng opnieuw, verdeel in kopjes en serveer als feestdip.

**Voedingswaarden (per 100g):** 27 calorieën 11,7 g vet 18,5 g koolhydraten 16,5 g eiwit 668 mg natrium

# Lamsgehakthummus

**Bereidingstijd: 10 minuten**

**kooktijd**: 15 minuten

**Porties: 8**

**Moeilijkheidsgraad: Makkelijk**

**Ingrediënten:**

- 10 ons humus
- 12 ons lamsvlees, gehakt
- ½ kopje granaatappelpitjes
- ¼ kopje peterselie, gehakt
- 1 eetlepel olijfolie
- Pitabroodjes om te serveren

**Tips:**

Verhit de koekenpan op middelhoog vuur, bak het vlees en bak gedurende 15 minuten, vaak roerend. Verdeel de hummus over een bord, smeer in met lamsgehakt, bestrooi ook met granaatappelpitjes en peterselie en serveer met pitabroodjes als aperitief.

**Voedingswaarden (per 100g):**133 calorieën 9,7 g vet 6,4 g koolhydraten 5,4 g eiwit 659 mg natrium

# Aubergine dip

**Bereidingstijd: 10 minuten**

**kooktijd**: 40 minuten

**Porties: 4**

**Moeilijkheidsgraad: Makkelijk**

**Ingrediënten:**

- 1 aubergine geprikt met een vork
- 2 eetlepels tahinpasta
- 2 eetlepels citroensap
- 2 teentjes knoflook, gehakt
- 1 eetlepel olijfolie
- Zout en peper naar smaak
- 1 eetlepel gehakte peterselie

**Tips:**

Plaats de aubergine in een braadpan, bak gedurende 40 minuten op 400 graden F, laat afkoelen, pel en breng over naar een keukenmachine. Combineer de resterende ingrediënten behalve de peterselie, meng goed, verdeel in kleine kommen en serveer als aperitief met een snufje peterselie.

**Voedingswaarden (per 100g):** 121 calorieën 4,3 g vet 1,4 g koolhydraten 4,3 g eiwit 639 mg natrium

# Plantaardige pannenkoeken

**Bereidingstijd: 10 minuten**

**kooktijd**: 10 minuten

**Porties: 8**

**Moeilijkheidsgraad: Makkelijk**

**Ingrediënten:**

- 2 teentjes knoflook, gehakt
- 2 gele uien, gesnipperd
- 4 groene uien, gehakt
- 2 wortels, geraspt
- 2 theelepels gemalen komijn
- ½ theelepel kurkumapoeder
- Zout en peper naar smaak
- ¼ theelepel gemalen koriander
- 2 el gehakte peterselie
- ¼ theelepel citroensap
- ½ kopje amandelmeel
- 2 bieten, geschild en geraspt
- 2 eieren, losgeklopt
- ¼ kopje tapiocameel
- 3 eetlepels olijfolie

**Tips:**

Meng in een kom de knoflook met de ui, groene ui en de rest van de ingrediënten behalve de olie, meng goed en vorm middelgrote pasteitjes van het mengsel.

Verhit de pan op middelhoog vuur, doe de donuts erin, bak 5 minuten aan elke kant, leg ze op een bord en serveer.

**Voedingswaarden (per 100g):** 209 calorieën 11,2 g vet 4,4 g koolhydraten 4,8 g eiwit 726 mg natrium

# lams bulgur gehaktballen

**Bereidingstijd: 10 minuten**

**kooktijd**: 15 minuten

**Porties: 6**

**Moeilijkheidsgraad: Makkelijk**

**Ingrediënten:**

- 1 en ½ kopje Griekse yoghurt
- ½ theelepel komijn, gemalen
- 1 kopje komkommer, geraspt
- ½ theelepel gehakte knoflook
- Een snufje zout en zwarte peper
- 1 kopje bulgurtarwe
- 2 glazen water
- 1 pond gehakt lamsvlees
- ¼ kopje peterselie, gehakt
- ¼ kopje sjalotten, gehakt
- ½ theelepel piment, gemalen
- ½ theelepel gemalen kaneel
- 1 eetlepel olijfolie

**Tips:**

Meng de bulgur met water, dek de kom af, laat 10 minuten staan, giet af en doe in een kom. Voeg het vlees, de yoghurt en de rest van de ingrediënten behalve de olie toe, meng goed en vorm van het mengsel middelgrote gehaktballetjes. Verhit de pan op middelhoog vuur, doe de gehaktballetjes erin, bak 7 minuten aan elke kant, leg ze allemaal op een bord en serveer als aperitief.

**Voedingswaarden (per 100g):** 300 calorieën 9,6 g vet 22,6 g koolhydraten 6,6 g eiwit 644 mg natrium

# Komkommer bijt

**Bereidingstijd: 10 minuten**

**kooktijd**: 0 minuten

**Porties: 12**

**Moeilijkheidsgraad: Makkelijk**

## Ingrediënten:

- 1 Engelse komkommer, in 32 ringen gesneden
- 10 ons humus
- 16 kerstomaatjes, gehalveerd
- 1 eetlepel gehakte peterselie
- 1 ons fetakaas, verkruimeld

**Tips:**

Smeer hummus op elk plakje komkommer, bestrooi met halve tomaten, bestrooi met kaas en peterselie en serveer als aperitief.

**Voedingswaarden (per 100g):** 162 calorieën 3,4 g vet 6,4 g koolhydraten 2,4 g eiwit 702 mg natrium

# Gevulde Avocado

**Bereidingstijd: 10 minuten**

**kooktijd**: 0 minuten

**Porties: 2**

**Moeilijkheidsgraad: Makkelijk**

**Ingrediënten:**

- 1 avocado, gehalveerd en ontpit
- 10 ons ingeblikte tonijn, uitgelekt
- 2 eetlepels zongedroogde tomaten, in stukjes
- 1 eetlepel en ½ basilicumpesto
- 2 eetlepels zwarte olijven, ontpit en fijngehakt
- Zout en peper naar smaak
- 2 theelepels pijnboompitten, geroosterd en gehakt
- 1 eetlepel gehakte basilicum

**Tips:**

Meng de tonijn met de zongedroogde tomaten en de rest van de ingrediënten behalve de avocado en meng. Vul de avocadohelften met het tonijnmengsel en serveer als voorgerecht.

**Voedingswaarden (per 100g):** 233 calorieën 9 g vet 11,4 g koolhydraten 5,6 g eiwit 735 mg natrium

# Verpakte pruimen

**Bereidingstijd: 5 minuten**

**kooktijd**: 0 minuten

**Porties: 8**

**Moeilijkheidsgraad: Makkelijk**

**Ingrediënten:**

- 2 ons prosciutto, in 16 stukken gesneden
- 4 pruimen, in vieren gesneden
- 1 eetlepel gehakte bieslook
- Een snufje gemalen rode pepervlokken

**Tips:**

Wikkel elk stuk pruim in een plak prosciutto, schik op een bord, bestrooi met bieslook en chilivlokken en serveer.

**Voedingswaarden (per 100g):** 30 calorieën 1 g vet 4 g koolhydraten 2 g eiwit 439 mg natrium

# Feta en ingelegde artisjokken

**Voorbereidingstijd**: 10 minuten plus 4 uur inactiviteit
**kooktijd**: 10 minuten
**Porties**: 2
**Moeilijkheidsgraad: Makkelijk**

**Ingrediënten:**

- 4 ons traditionele Griekse fetakaas, in blokjes van ½ inch gesneden
- 4 ons uitgelekte artisjokharten, in de lengte in vieren gesneden
- 1/3 kopje extra vergine olijfolie
- Zest en sap van 1 citroen
- 2 eetlepels grof gehakte verse rozemarijn
- 2 eetlepels grof gehakte verse peterselie
- ½ theelepel zwarte peper

**Tips:**

Combineer fetaharten en artisjokken in een glazen kom. Voeg de olijfolie, citroenschil en -sap, rozemarijn, peterselie en peperkorrels toe en meng voorzichtig, pas op dat de feta niet verkruimelt.

Koel gedurende 4 uur of maximaal 4 dagen. Haal 30 minuten voor serveren uit de koelkast.

**Voedingswaarden (per 100g):** 235 calorieën 23 g vet 1 g koolhydraat 4 g eiwit 714 mg natrium

# Tonijn crackers

**Voorbereidingstijd**: 40 minuten, plus uren om 's nachts af te koelen

**kooktijd**: 25 minuten

**Porties: 36**

**Moeilijkheidsgraad: moeilijk**

**Ingrediënten:**

- 6 eetlepels extra vierge olijfolie plus 1 tot 2 kopjes
- 5 eetlepels amandelmeel plus 1 kop, verdeeld
- 1¼ kopjes slagroom
- 1 blik (4 ons) geelvintonijn in olijfolie
- 1 eetlepel gesnipperde rode ui
- 2 theelepels gehakte kappertjes
- ½ theelepel gedroogde dille
- ¼ theelepel versgemalen zwarte peper
- 2 grote eieren
- 1 kop panko paneermeel (of glutenvrije versie)

**Tips:**

Verhit in een grote koekenpan 6 eetlepels olijfolie op middelhoog vuur. Voeg 5 eetlepels amandelmeel toe en kook, onder voortdurend roeren, tot een glad deeg ontstaat en de bloem lichtbruin is.

Zet het vuur op middelhoog en roer geleidelijk de room erdoor, onder voortdurend kloppen, tot het volledig glad en ingedikt is, nog eens 4-5 minuten. Tonijn, rode ui, kappertjes, dille en peper verwijderen en toevoegen.

Breng het mengsel over in een 8-inch vierkante ovenschaal, goed bedekt met olijfolie en zet opzij bij kamertemperatuur. Wikkel en koel gedurende 4 uur of 's nachts. Maak voor de kroketten drie kommen. Klop in één de eieren samen. Voeg in een andere het resterende amandelmeel toe. Voeg in de derde panko toe. Bekleed de bakplaat met bakpapier.

Giet ongeveer een eetlepel koud bereid deeg in de bloemmassa en rol het uit om te coaten. Schud het teveel eraf en rol met je handen tot een ovaal.

Doop de kroket in het losgeklopte ei en bestrijk vervolgens de panko lichtjes. Leg ze op een met bakpapier beklede bakplaat en herhaal met het resterende beslag.

Verhit in een kleine steelpan de resterende 1-2 kopjes olijfolie op middelhoog vuur.

Zodra de olie heet is, bak je de kroketten 3 of 4 tegelijk, afhankelijk van de grootte van de pan, en haal ze er met een schuimspaan uit als ze goudbruin zijn. U moet de temperatuur van de olie van tijd tot tijd aanpassen om te voorkomen dat deze verbrandt. Als de kroketten erg snel bruin worden, verlaag dan de temperatuur.

**Voedingswaarden (per 100g):**245 calorieën 22 g vet 1 g koolhydraten 6 g eiwit 801 mg natrium

# Rauwe gerookte zalmgroenten

**Bereidingstijd: 10 minuten**

**kooktijd**: 15 minuten

**Porties: 4**

**Moeilijkheidsgraad: Makkelijk**

**Ingrediënten:**

- 6 ons gerookte wilde zalm
- 2 eetlepels geroosterde knoflookaioli
- 1 eetlepel Dijon-mosterd
- 1 el gehakte groene ui, alleen de groene delen
- 2 theelepels gehakte kappertjes
- ½ theelepel gedroogde dille
- 4 witloofpuntjes of romeinse hartjes
- ½ Engelse komkommer, in vieren gesneden van ¼ inch dik

**Tips:**

Hak de gerookte zalm grof en doe deze in een kleine kom. Voeg de aioli, Dijon, bieslook, kappertjes en dille toe en meng goed. Garneer andijviepuntjes en plakjes komkommer met een lepeltje gerookte zalmmix en geniet gekoeld.

**Voedingswaarden (per 100g):** 92 calorieën 5 g vet 1 g koolhydraat 9 g eiwit 714 mg natrium

# Gemarineerde Citrus Olijven

**Bereidingstijd: 4 uur**

**kooktijd**: 0 minuten

**Porties: 2**

**Moeilijkheidsgraad: Makkelijk**

**Ingrediënten:**

- 2 kopjes gemengde groene olijven met pit
- ¼ kopje rode wijnazijn
- ¼ kopje extra vergine olijfolie
- 4 teentjes knoflook, fijngehakt
- Zest en sap van 1 grote sinaasappel
- 1 theelepel rode pepervlokken
- 2 laurierblaadjes
- ½ theelepel gemalen komijn
- ½ theelepel gemalen piment

**Tips:**

Voeg olijven, azijn, olie, knoflook, sinaasappelschil en -sap, rode pepervlokken, laurierblaadjes, komijn en piment toe en meng goed. Sluit af en zet 4 uur of maximaal een week in de koelkast om de olijven te laten marineren, meng opnieuw voor het opdienen.

**Voedingswaarden (per 100g):** 133 calorieën 14 g vet 2 g koolhydraten 1 g eiwit 714 mg natrium

# Olijventapenade met ansjovis

**Voorbereidingstijd**: 1 uur en 10 minuten

**kooktijd**: 0 minuten

**Porties: 2**

**Moeilijkheidsgraad: gemiddeld**

**Ingrediënten:**

- 2 kopjes ontpitte Kalamata-olijven of andere zwarte olijven
- 2 ansjovisfilets, in stukjes gesneden
- 2 theelepels gehakte kappertjes
- 1 teentje knoflook, fijngehakt
- 1 gekookte dooier
- 1 theelepel Dijon-mosterd
- ¼ kopje extra vergine olijfolie
- Zaadcrackers, ronde sandwich voor alle doeleinden of serveergroenten (optioneel)

**Tips:**

Spoel de olijven af met koud water en laat ze goed uitlekken. Doe de uitgelekte olijven, ansjovis, kappertjes, knoflook, eidooier en dijon in een keukenmachine, blender of grote kan (als je een staafmixer gebruikt). Mix tot het een dikke pasta vormt. Voeg tijdens het hardlopen geleidelijk olijfolie toe.

Doe over in een kleine kom, dek af en zet minstens 1 uur in de koelkast om de smaken te laten ontwikkelen. Serveer met zaadcrackers, op een veelzijdig rond broodje of bij je favoriete knapperige groenten.

**Voedingswaarden (per 100g):** 179 calorieën 19 g vet 2 g koolhydraten 2 g eiwit 82 mg natrium

# Manchego-crackers

**Voorbereidingstijd**: 1u15

**kooktijd**: 15 minuten

**Porties: 20**

**Moeilijkheidsgraad: moeilijk**

**Ingrediënten:**

- 4 eetlepels boter op kamertemperatuur
- 1 kopje fijn geraspte Manchego-kaas
- 1 kopje amandelmeel
- 1 theelepel zout, verdeeld
- ¼ theelepel versgemalen zwarte peper
- 1 groot ei

**Tips:**

Klop met een elektrische mixer de boter en de geraspte kaas tot ze goed gecombineerd en glad zijn. Meng het amandelmeel met ½ theelepel zout en peper. Voeg geleidelijk het amandelmeelmengsel toe aan de kaas, onder voortdurend roeren, totdat het deeg samenkomt om een bal te vormen.

Vouw een stuk perkament of plasticfolie open en rol het in een cilindrische blok van ongeveer 1 ½ inch dik. Sluit goed af en vries minimaal 1 uur in. Verwarm de oven voor op 350 ° F. Plaats perkament of siliconen bakmatten in 2 bakplaten.

Om het ei te wassen, meng je het ei en de resterende ½ theelepel zout. Snijd het gekoelde deeg in kleine schijfjes van ongeveer ¼ inch dik en leg ze op een met bakpapier beklede bakplaat.

Bestrijk de bovenkant van de crackers met ei en bak tot de crackers goudbruin en krokant zijn. Op het rooster leggen om af te koelen.

Serveer warm of bewaar, wanneer volledig gekoeld, maximaal 1 week in een luchtdichte verpakking in de koelkast.

**Voedingswaarden (per 100g):** 243 calorieën 23 g vet 1 g koolhydraat 8 g eiwit 804 mg natrium

# Burrata Caprese Stapel

**Bereidingstijd: 5 minuten**

**kooktijd**: 0 minuten

**Porties: 4**

**Moeilijkheidsgraad: Makkelijk**

**Ingrediënten:**

- 1 grote biologische tomaat, bij voorkeur een souvenir
- ½ theelepel zout
- ¼ theelepel versgemalen zwarte peper
- 1 schep (4 ons) burrata-kaas
- 8 verse basilicumblaadjes, in dunne plakjes gesneden
- 2 el extra vergine olijfolie
- 1 eetlepel rode wijn of balsamicoazijn

**Tips:**

Snijd de tomaat in 4 dikke plakken, verwijder de harde kern en bestrooi met zout en peper. Leg de tomaten met de gekruide kant naar boven op een bord. Snijd de burrata op een apart bord in 4 dikke plakken en leg op elk plakje tomaat een plakje. Bestrooi elk kwartje basilicum en garneer met de gereserveerde burrata-crème van het omcirkelde bord.

Besprenkel met olijfolie en azijn en serveer met vork en mes.

**Voedingswaarden (per 100g):** 153 calorieën 13 g vet 1 g koolhydraat 7 g eiwit 633 mg natrium

## Courgette en Ricotta Pannenkoeken met Citroen Knoflook Aioli

**Voorbereidingstijd**: 10 minuten plus 20 minuten rust
**kooktijd**: 25 minuten
**Porties: 4**
**Moeilijkheidsgraad: moeilijk**

**Ingrediënten:**

- 1 grote of 2 kleine/middelgrote courgettes
- 1 theelepel zout, verdeeld
- ½ kopje ricotta van volle melk
- 2 sjalotten
- 1 groot ei
- 2 teentjes knoflook, fijngehakt
- 2 eetlepels gehakte verse munt (optioneel)
- 2 theelepels geraspte citroenschil
- ¼ theelepel versgemalen zwarte peper
- ½ kopje amandelmeel
- 1 theelepel bakpoeder
- 8 eetlepels extra vierge olijfolie
- 8 eetlepels geroosterde knoflook aioli of avocado-olie mayonaise

**Tips:**

Doe de geraspte courgette in een vergiet of op meerdere lagen keukenpapier. Bestrooi met ½ theelepel zout en zet 10 minuten opzij. Gebruik een andere laag keukenpapier om de courgette aan te drukken om overtollig vocht te verwijderen en droog te deppen. Voeg uitgelekte courgette, ricotta, groene ui, ei, knoflook, munt (indien gebruikt), citroenschil, resterende ½ theelepel zout en peper toe.

Meng amandelmeel en bakpoeder. Roer de bloem door het courgettemengsel en zet 10 minuten opzij. Bak de donuts in vier porties in een grote koekenpan. Verhit voor elke batch van vier 2 eetlepels olijfolie op middelhoog vuur. Voeg 1 volle eetlepel courgettepasta per donut toe en druk met de achterkant van de lepel naar beneden om donuts met een diameter van 2 tot 3 inch te vormen. Dek af en kook 2 minuten voordat je omdraait. Bak afgedekt nog 2-3 minuten of tot ze krokant, goudbruin en gaar zijn. Mogelijk moet u het vuur lager zetten om aanbranden te voorkomen. Haal uit de pan en houd warm.

Herhaal dit voor de andere drie batches, gebruik 2 eetlepels olijfolie voor elke batch. Serveer de donuts warm met de aiolisaus.

**Voedingswaarden (per 100g):** 448 calorieën 42 g vet 2 g koolhydraten 8 g eiwit 744 mg natrium

## Komkommers Gevuld Met Zalm

**Bereidingstijd: 10 minuten**
**kooktijd**: 0 minuten

Porties: 4

Moeilijkheidsgraad: Makkelijk

Ingrediënten:

- 2 grote komkommers, geschild
- 1 blik 4 ons sockeye zalm
- 1 zeer rijpe middelgrote avocado
- 1 el extra vergine olijfolie
- Zest en sap van 1 limoen
- 3 eetlepels gehakte verse koriander
- ½ theelepel zout
- ¼ theelepel versgemalen zwarte peper

**Tips:**

Snijd de komkommer in segmenten van 2,5 cm dik en gebruik een lepel om de zaadjes uit het midden van elk segment te schrapen en leg ze op een bord. Meng in een middelgrote kom de zalm, avocado, olijfolie, limoenschil en -sap, koriander, zout en peper tot een romig geheel.

Schep het zalmmengsel in het midden van elk komkommersegment en serveer gekoeld.

**Voedingswaarden (per 100g):** 159 calorieën 11 g vet 3 g koolhydraten 9 g eiwit 739 mg natrium

# Geitenmakreel paté

**Bereidingstijd: 10 minuten**

**kooktijd**: 0 minuten

**Porties: 4**

**Moeilijkheidsgraad: Makkelijk**

**Ingrediënten:**

- 4 ons wilde makreel verpakt in olijfolie
- 2 ons geitenkaas
- Zest en sap van 1 citroen
- 2 el gehakte verse peterselie
- 2 eetlepels gehakte verse rucola
- 1 el extra vergine olijfolie
- 2 theelepels gehakte kappertjes
- 1-2 theelepels verse mierikswortel (optioneel)
- Crackers, komkommerschijfjes, andijvie of selderij, om erbij te serveren (optioneel)

**Tips:**

Combineer de makreel, geitenkaas, citroenschil en -sap, peterselie, rucola, olijfolie, kappertjes en mierikswortel (indien gebruikt) in een keukenmachine, blender of grote kom met een staafmixer. Mix of mix tot een gladde en romige massa.

Serveer met crackers, plakjes komkommer, andijviespruiten of bleekselderij. Dek goed af in de koelkast voor maximaal 1 week.

**Voedingswaarden (per 100g):** 118 calorieën 8 g vet 6 g koolhydraten 9 g eiwit 639 mg natrium

# Een voorproefje van mediterrane vetbommen

**Voorbereidingstijd**: 4 uur en 15 minuten
**kooktijd**: 0 minuten
**Porties: 6**
**Moeilijkheidsgraad: gemiddeld**

**Ingrediënten:**

- 1 kopje verkruimelde geitenkaas
- 4 el pesto uit een potje
- 12 ontpitte Kalamata-olijven, fijngehakt
- ½ kopje fijngehakte walnoten
- 1 el gehakte verse rozemarijn

**Tips:**

Combineer geitenkaas, pesto en olijven in een middelgrote kom en meng goed met een vork. Bevries gedurende 4 uur om uit te harden.

Maak met je handen 6 balletjes van ongeveer 2,5 cm doorsnee van het mengsel. Het mengsel zal plakkerig zijn.

Doe de walnoten en rozemarijn in een kleine kom en wentel de geitenkaasballetjes door het notenmengsel om ze te coaten.
Bewaar Fat Bombs maximaal 1 week in de koelkast of maximaal 1 maand in de vriezer.

**Voedingswaarden (per 100g):** 166 calorieën 15 g vet 1 g koolhydraat 5 g eiwit 736 mg natrium

# Gazpacho. met avocado

**Bereidingstijd: 15 minuten**

**kooktijd**: 10 minuten

**Porties: 4**

**Moeilijkheidsgraad: Makkelijk**

**Ingrediënten:**

- 2 kopjes gehakte tomaten
- 2 grote rijpe avocado's, gehalveerd en ontpit
- 1 grote komkommer, geschild en in stukjes gesneden
- 1 middelgrote paprika (rood, oranje of geel), gehakt
- 1 kopje gewone Griekse volle melkyoghurt
- ¼ kopje extra vergine olijfolie
- ¼ kopje gehakte verse koriander
- ¼ kopje gehakte groene ui, alleen het groene gedeelte
- 2 eetlepels rode wijnazijn
- Sap van 2 limoenen of 1 citroen
- ½ tot 1 theelepel zout
- ¼ theelepel versgemalen zwarte peper

**Tips:**

Combineer met een staafmixer tomaten, avocado, komkommer, paprika, yoghurt, olijfolie, koriander, bieslook, azijn en limoensap. Mixen tot een gladde substantie.

Breng op smaak en meng om de smaken te combineren. Serveer koud.

**Voedingswaarden (per 100g):** 392 calorieën 32 g vet 9 g koolhydraten 6 g eiwit 694 mg natrium

# Cups met krabsla

**Bereidingstijd: 35 minuten**

**kooktijd**: 20 minuten

**Porties: 4**

**Moeilijkheidsgraad: gemiddeld**

**Ingrediënten:**

- 1 pond jumbo krabbrokken
- 1 groot ei
- 6 eetlepels geroosterde knoflookaioli
- 2 eetlepels Dijon-mosterd
- ½ kopje amandelmeel
- ¼ kopje fijngehakte rode ui
- 2 theelepels gerookt paprikapoeder
- 1 theelepel selderijzout
- 1 theelepel knoflookpoeder
- 1 theelepel gedroogde dille (optioneel)
- ½ theelepel versgemalen zwarte peper
- ¼ kopje extra vergine olijfolie
- 4 grote blaadjes Bibb sla, ontdaan van de dikke ruggengraat

**Tips:**

Doe het krabvlees in een grote kom en verwijder alle zichtbare schelpen en scheid het vlees met een vork. Klop in een kleine kom het ei, 2 eetlepels aioli en Dijon-mosterd door elkaar. Voeg toe aan de krab en meng met een vork. Voeg amandelmeel, rode ui, paprika, selderijzout, knoflookpoeder, dille (indien gebruikt) en peper toe en meng goed. Zet weg bij kamertemperatuur gedurende 10-15 minuten.

Vorm 8 kleine cakes van ongeveer 5 cm in doorsnee. Kook de olijfolie op middelhoog vuur. Bak de koekjes goudbruin, 2-3 minuten aan elke kant. Wikkel in, zet het vuur laag en kook 6-8 minuten langer of tot het midden stevig is. Haal uit de pan.

Wikkel voor het serveren 2 kleine krabkoekjes in elk slablad en garneer met 1 eetlepel aioli.

**Voedingswaarden (per 100g):** 344 calorieën 24 g vet 2 g koolhydraten 24 g eiwit 804 mg natrium

# Wrap Salade Met Sinaasappel Dragon En Kip

**Bereidingstijd: 15 minuten**

**kooktijd**: 0 minuten

**Porties: 4**

**Moeilijkheidsgraad: Makkelijk**

**Ingrediënten:**

- ½ kopje volle melk Griekse yoghurt
- 2 eetlepels Dijon-mosterd
- 2 el extra vergine olijfolie
- 2 eetlepels verse dragon
- ½ theelepel zout
- ¼ theelepel versgemalen zwarte peper
- 2 kopjes gekookte geraspte kip
- ½ kopje gehakte amandelen
- 4-8 grote Bibb-slablaadjes, taaie steel verwijderd
- 2 kleine, rijpe avocado's, geschild en in dunne plakjes gesneden
- schil van 1 clementine of ½ kleine sinaasappel (ongeveer 1 eetlepel)

**Tips:**

Meng in een middelgrote kom de yoghurt, mosterd, olijfolie, dragon, sinaasappelschil, zout en peper en klop tot een romig geheel. Voeg gehakte kip en amandelen toe en meng om te coaten.

Om de wraps samen te stellen, plaats je ongeveer ½ kopje van de kipsalademix in het midden van elk slablad en bedek je met de in plakjes gesneden avocado.

**Voedingswaarden (per 100g):** 440 calorieën 32 g vet 8 g koolhydraten 26 g eiwit 607 mg natrium

# Champignons gevuld met feta en quinoa

**Bereidingstijd: 5 minuten**

**kooktijd**: 8 minuten

**Porties: 6**

**Moeilijkheidsgraad: gemiddeld**

**Ingrediënten:**

- 2 el in blokjes gesneden rode paprika
- 1 teentje knoflook, gehakt
- ¼ kopje gekookte quinoa
- 1/8 theelepel zout
- ¼ theelepel gedroogde oregano
- 24 champignons, stelen
- 2 ons verkruimelde feta
- 3 el volkorenbrood
- Olijfolie kookspray

**Tips:**

Verwarm de luchtfriteuse voor op 360 ° F. Combineer paprika, knoflook, quinoa, zout en oregano in een kleine kom. Schep de quinoa in de champignonhoedjes tot ze gevuld zijn. Leg bovenop elke champignon een klein stukje feta. Bestrooi elke champignon met een snufje paneermeel.

Vul de frituurmand met olijfolie frituurspray en leg de champignons er voorzichtig in, zorg ervoor dat ze elkaar niet raken.

Plaats het mandje in de friteuse en bak 8 minuten. Haal uit de friteuse en serveer.

**Voedingswaarden (per 100g):** 97 calorieën 4 g vet 11 g koolhydraten 7 g eiwit 677 mg natrium

# Vijf Ingrediënten Falafel Met Knoflook Yoghurtsaus

**Bereidingstijd: 5 minuten**
**kooktijd**: 15 minuten
**Porties: 4**
**Moeilijkheidsgraad: moeilijk**

**Ingrediënten:**

- Voor de falafel
- 1 blik (15 ons) kikkererwten, uitgelekt en afgespoeld
- ½ kopje verse peterselie
- 2 teentjes knoflook, gehakt
- ½ el gemalen komijn
- 1 eetlepel volkoren meel
- Zout
- Voor de knoflook-yoghurtsaus
- 1 kopje gewone, vetvrije Griekse yoghurt
- 1 teentje knoflook, gehakt
- 1 eetlepel gehakte verse dille
- 2 eetlepels citroensap

**Tips:**

Falafel maken

Verwarm de luchtfriteuse voor op 360 ° F. Doe de kikkererwten in de keukenmachine. Pulseer tot ze grotendeels gehakt zijn, voeg dan de peterselie, knoflook en komijn toe en mix een paar minuten tot de ingrediënten een pasta worden.

Voeg bloem toe. Puls nog een paar keer totdat ze verbinding maken. Het deeg zal een bepaalde consistentie hebben, maar de kikkererwten moeten in kleine stukjes worden gebroken. Rol met schone handen 8 gelijke balletjes van het deeg en druk ze een beetje aan tot schijven van ongeveer ½ dikte.

Smeer de frituurmand in met olijfolie, bakspray en leg de falafelpasteitjes in een enkele laag in de mand, zorg ervoor dat ze elkaar niet raken. Bak in de friteuse gedurende 15 minuten.

Om knoflookyoghurtsaus te maken

Meng yoghurt, knoflook, dille en citroensap. Als de falafels gaar en aan alle kanten mooi bruin zijn, haal je ze uit de friteuse en breng op smaak met zout. Serveer warm met de dip.

**Voedingswaarden (per 100g):** 151 calorieën 2g vet 10g koolhydraten 12g eiwit 698mg natrium

# Citroengarnalen met knoflookolie

**Bereidingstijd: 5 minuten**

**kooktijd**: 6 minuten

**Porties: 4**

**Moeilijkheidsgraad: gemiddeld**

**Ingrediënten:**

- 1 pond middelgrote garnalen, schoongemaakt en bijgesneden
- ¼ kopje plus 2 eetlepels olijfolie, verdeeld
- Sap van ½ citroen
- 3 teentjes knoflook, gehakt en verdeeld
- ½ theelepel zout
- een theelepel rode pepervlokken
- Citroenstukjes, om te serveren (optioneel)
- Marinarasaus, om te dippen (optioneel)

**Tips:**

Verwarm de luchtfriteuse voor op 380 ° F. Meng de garnalen met 2 el olijfolie, citroensap, 1/3 geperste knoflook, zout en rode pepervlokken en meng goed.

Meng in kleine vormpjes de resterende ¼ kopje olijfolie en de resterende gehakte knoflook. Scheur een stuk aluminiumfolie van 12 bij 12 inch af. Plaats de garnalen in het midden van de folie, vouw de zijkanten en knijp de randen samen om een open foliekom te creëren. Plaats dit pakket in de frituurmand.

Bak de garnalen 4 minuten, open dan de friteuse en plaats de ramekin met olie en knoflook in het mandje naast het pakje garnalen. Kook nog 2 minuten. Leg de garnalen op een schaal of schaal met bakjes knoflookolie ernaast om te dippen. Indien gewenst kunt u ook serveren met partjes citroen en marinarasaus.

**Voedingswaarden (per 100g):** 264 calorieën 21 g vet 10 g koolhydraten 16 g eiwit 473 mg natrium

# Krokante sperziebonenfriet met citroen-yoghurtsaus

**Bereidingstijd: 5 minuten**
**kooktijd**: 5 minuten
**Porties: 4**
**Moeilijkheidsgraad: gemiddeld**

**Ingrediënten:**

- <u>Voor sperziebonen</u>
- 1 ei
- 2 eetlepels water
- 1 eetlepel volkoren meel
- een theelepel paprikapoeder
- ½ theelepel knoflookpoeder
- ½ theelepel zout
- ¼ kopje volkoren broodkruimels
- ½ pond hele sperziebonen
- <u>Voor de citroen-yoghurtsaus</u>
- ½ kopje gewone magere Griekse yoghurt
- 1 eetlepel citroensap
- ¼ theelepel zout
- 1/8 theelepel cayennepeper

**Richting:**

Om sperziebonen te maken

Verwarm de luchtfriteuse voor op 380 ° F.

Meng ei en water in een middelgrote ondiepe kom tot schuim.

Klop in een aparte, middelgrote ondiepe kom de bloem, paprikapoeder, knoflookpoeder en zout door elkaar en roer dan de paneermeel erdoor.

Smeer de bodem van de friteuse in met bakspray. Doop elke sperzieboon in het eimengsel en vervolgens in het paneermeel, en bedek de buitenkant met het paneermeel. Leg de sperziebonen in een enkele laag op de bodem van de frituurmand.

Bak 5 minuten in de friteuse of tot de broodkruimels goudbruin zijn.

Citroenyoghurtsaus maken

Voeg yoghurt, citroensap, zout en cayennepeper toe. Serveer sperziebonenfrites met citroenyoghurtsaus als voor- of bijgerecht.

**Voedingswaarden (per 100g):** 88 calorieën 2g vet 10g koolhydraten 7g eiwit 697mg natrium

# Huisgemaakte pitabroodjes met zeezout

**Bereidingstijd: 2 minuten**

**kooktijd**: 8 minuten

**Porties: 2**

**Moeilijkheidsgraad: Makkelijk**

**Ingrediënten:**

- 2 volkoren pitabroodjes
- 1 eetlepel olijfolie
- ½ theelepel koosjer zout

**tips**

Verwarm de luchtfriteuse voor op 360 ° F. Snijd elke pita in 8 partjes. Meng in een middelgrote kom de pitabroodjes, olijfolie en zout tot de boten bedekt zijn en de olijfolie en het zout gelijkmatig verdeeld zijn.

Leg de pitabroodjes in een gelijkmatige laag in de frituurmand en bak ze 6-8 minuten.

Breng indien nodig op smaak met zout. Serveer alleen of met je favoriete dipsaus.

**Voedingswaarden (per 100g):** 230 calorieën 8 g vet 11 g koolhydraten 6 g eiwit 810 mg natrium

# Gebakken Spanakopita-dip

**Bereidingstijd: 10 minuten**

**kooktijd**: 15 minuten

**Porties: 2**

**Moeilijkheidsgraad: gemiddeld**

## Ingrediënten:

- Olijfolie kookspray
- 3 eetlepels olijfolie, verdeeld
- 2 eetlepels fijngehakte witte ui
- 2 teentjes knoflook, gehakt
- 4 kopjes verse spinazie
- 4 ons roomkaas, verzacht
- 4 ons fetakaas, verdeeld
- schil van 1 citroen
- ¼ theelepel gemalen nootmuskaat
- 1 theelepel gedroogde dille
- ½ theelepel zout
- Pita chips, worteltjes of sneetjes brood om erbij te serveren (optioneel)

## Tips:

Verwarm de luchtfriteuse voor op 360 ° F. Smeer de binnenkant van een 6-inch ramekins of ovenschaal in met olijfolie kookspray.

Verhit in een grote koekenpan op middelhoog vuur 1 eetlepel olijfolie. Voeg de ui toe en bak deze 1 minuut mee. Voeg de knoflook toe en bak al roerend nog 1 minuut.

Zet het vuur lager en meng de spinazie met water. Kook tot de spinazie geslonken is. Haal de pan van het vuur. Klop in een middelgrote kom de roomkaas, 2 ons feta en de resterende olijfolie, citroenschil, nootmuskaat, dille en zout bij elkaar. Roer tot gecombineerd.

Voeg de groenten toe aan de kaasbasis en roer tot gecombineerd. Giet het dipmengsel in de voorbereide vormpjes en voeg de resterende 2 ons fetakaas toe.

Plaats de dipsaus in de frituurmand en kook gedurende 10 minuten tot het heet is en borrelt. Serveer met pitabroodjes, worteltjes of gesneden brood.

**Voedingswaarden (per 100g):** 550 calorieën 52 g vet 21 g koolhydraten 14 g eiwit 723 mg natrium

# Gebakken parel en ui dip

**Bereidingstijd: 5 minuten**

**kooktijd**: 12 minuten plus 1 uur om te koelen

**Porties: 4**

**Moeilijkheidsgraad: gemiddeld**

**Ingrediënten:**

- 2 kopjes gepelde parelui
- 3 teentjes knoflook
- 3 eetlepels olijfolie, verdeeld
- ½ theelepel zout
- 1 kopje gewone, vetvrije Griekse yoghurt
- 1 eetlepel citroensap
- ¼ theelepel zwarte peper
- 1/8 theelepel rode pepervlokken
- Pita chips, groenten of toast om te serveren (optioneel)

**Tips:**

Verwarm de luchtfriteuse voor op 360 ° F. Meng in een grote kom de zilverui en knoflook met 2 eetlepels olijfolie tot de ui goed bedekt is.

Giet het knoflook-uienmengsel in de frituurmand en bak 12 minuten. Doe de knoflook en ui in de keukenmachine. Schud de groenten een aantal keer totdat de ui dun gesneden is maar nog stukjes heeft.

Voeg de knoflook en ui toe, en de resterende eetlepel olijfolie samen met het zout, yoghurt, citroensap, zwarte peper en rode pepervlokken. Koel 1 uur voor het serveren met pitabroodjes, groenten of toast.

**Voedingswaarden (per 100g):** 150 calorieën 10 g vet 6 g koolhydraten 7 g eiwit 693 mg natrium

# Tapenade van rode peper

**Bereidingstijd: 5 minuten**

**kooktijd**: 5 minuten

**Porties: 4**

**Moeilijkheidsgraad: gemiddeld**

**Ingrediënten:**

- 1 grote rode paprika
- 2 eetlepels + 1 theelepel olijfolie
- ½ kopje Kalamata-olijven, ontpit en grof gehakt
- 1 teentje knoflook, gehakt
- ½ theelepel gedroogde oregano
- 1 eetlepel citroensap

**Tips:**

Verwarm de luchtfriteuse voor op 380 ° F. Bestrijk de buitenkant van de hele rode paprika met 1 theelepel olijfolie en leg ze in de frituurmand. Bak 5 minuten. Meng ondertussen in een middelgrote kom de resterende 2 eetlepels olijfolie met de olijven, knoflook, oregano en citroensap.

Haal de rode peper uit de friteuse, snij voorzichtig de steel in plakjes en verwijder de zaadlijsten. Snijd de geroosterde paprika grof in kleine stukjes.

Voeg de rode peper toe aan het olijvenmengsel en mix alles goed door elkaar. Serveer met pitabroodjes, crackers of knapperig brood.

**Voedingswaarden (per 100g):** 104 calorieën 10 g vet 9 g koolhydraten 1 g eiwit 644 mg natrium

# Griekse aardappelschillen met olijven en feta

**Bereidingstijd: 5 minuten**
**kooktijd**: 45 minuten
**Porties: 4**
**Moeilijkheidsgraad: moeilijk**

**Ingrediënten:**

- 2 rode aardappelen
- 3 eetlepels olijfolie
- 1 theelepel koosjer zout, verdeeld
- ¼ theelepel zwarte peper
- 2 el verse koriander
- ¼ kopje Kalamata-olijven, in blokjes gesneden
- ¼ kopje verkruimelde feta
- Gehakte verse peterselie voor garnering (optioneel)

**Tips:**

Verwarm de luchtfriteuse voor op 380 ° F. Prik met een vork 2-3 gaatjes in de aardappelen en bestrijk ze met ongeveer ½ el olijfolie en ½ tl zout.

Doe de aardappelen in de frituurmand en bak ze 30 minuten. Haal de aardappelen uit de friteuse en snijd ze doormidden. Schraap het vruchtvlees van de aardappelen met een lepel, laat een laag aardappel van ½ inch in de schil en leg de schil opzij.

Meng in een middelgrote kom de kernaardappelharten met de resterende 2 eetlepels olijfolie, ½ theelepel zout, zwarte peper en koriander. Roer tot goed gecombineerd. Verdeel de aardappelvulling over de nu lege aardappelschillen en verdeel ze gelijkmatig. Bestrooi elke aardappel met een eetlepel olijven en feta.

Doe de geladen aardappelschillen in de friteuse en kook gedurende 15 minuten. Serveer met gehakte koriander of peterselie en eventueel een scheutje olijfolie.

**Voedingswaarden (per 100g):** 270 calorieën 13 g vet 34 g koolhydraten 5 g eiwit 672 mg natrium

# Pitabroodje met artisjokken en olijven

**Bereidingstijd: 5 minuten**

**kooktijd**: 10 minuten

**Porties: 4**

**Moeilijkheidsgraad: Makkelijk**

**Ingrediënten:**

- 2 volkoren pitabroodjes
- 2 el olijfolie, verdeeld
- 2 teentjes knoflook, gehakt
- ¼ theelepel zout
- ½ kopje ingeblikte artisjokharten, in plakjes
- ¼ kopje Kalamata-olijven
- ¼ kopje geraspte Parmezaanse kaas
- ¼ kopje verkruimelde feta
- Gehakte verse peterselie voor garnering (optioneel)

**Tips:**

Verwarm de luchtfriteuse voor op 380 ° F. Bestrijk elke pitabroodje met 1 eetlepel olijfolie en bestrooi met gehakte knoflook en zout.

Verdeel de artisjokharten, olijven en kaasjes gelijkmatig over de twee pitabroodjes en leg ze in de friteuse en bak ze 10 minuten. Haal de pitabroodjes eruit en snijd ze voor het serveren in 4 stukken. Bestrooi eventueel met peterselie.

**Voedingswaarden (per 100g):** 243 calorieën 15 g vet 10 g koolhydraten 7 g eiwit 644 mg natrium

# Paella met groenten

**Bereidingstijd: 25 minuten**

**kooktijd**: 45 minuten

**Porties: 6**

**Moeilijkheidsgraad: gemiddeld**

**Ingrediënten:**

- ¼ kopje olijfolie
- 1 grote zoete ui
- 1 grote rode paprika
- 1 grote groene paprika
- 3 teentjes knoflook, fijngehakt
- 1 theelepel gerookt paprikapoeder
- 5 draadjes saffraan
- 1 courgette, in blokjes van ½ cm gesneden
- 4 grote rijpe tomaten, geschild, gehakt en gehakt
- 1½ kopje Spaanse rijst met korte korrel
- 3 kopjes verwarmde groentebouillon

**Tips:**

Verwarm de oven voor op 350 ° F. Kook olijfolie op middelhoog vuur. Voeg de ui en rode en groene paprika toe en bak 10 minuten.

Voeg de knoflook, paprika, saffraandraadjes, courgette en tomaten toe. Zet het vuur laag tot medium laag en kook gedurende 10 minuten.

Voeg rijst en groentebouillon toe. Verhoog het vuur zodat de paella kookt. Zet het vuur op middelhoog en kook gedurende 15 minuten. Wikkel de vorm in aluminiumfolie en plaats in de oven.

Bak gedurende 10 minuten of tot de bouillon is opgenomen.

**Voedingswaarden (per 100g):** 288 calorieën 10 g vet 46 g koolhydraten 3 g eiwit 671 mg natrium

# Ovenschotel van aubergine en rijst

**Bereidingstijd: 30 minuten**

**kooktijd**: 35 minuten

**Porties: 4**

**Moeilijkheidsgraad: moeilijk**

**Ingrediënten:**

- <u>voor de saus</u>
- ½ kopje olijfolie
- 1 kleine ui, gesnipperd
- 4 teentjes knoflook, geperst
- 6 rijpe tomaten, geschild en in plakjes
- 2 eetlepels tomatenpuree
- 1 theelepel gedroogde oregano
- ¼ theelepel gemalen nootmuskaat
- ¼ theelepel gemalen komijn
- <u>Voor de braadpan</u>
- 4 Japanse aubergines (15 cm), in de lengte gehalveerd
- 2 eetlepels olijfolie
- 1 kopje gekookte rijst
- 2 eetlepels pijnboompitten, geroosterd
- 1 glas water

**Tips:**

maak de saus

Kook de olijfolie in een zware pan op middelhoog vuur. Doe de ui erbij en bak 5 minuten. Voeg de knoflook, tomaten, tomatenpuree, oregano, nootmuskaat en komijn toe. Breng aan de kook, zet het vuur lager en laat 10 minuten sudderen. Verwijder en zet opzij.

Maak een ovenschotel

Verwarm de gril voor. Besprenkel terwijl de saus kookt de aubergines met olijfolie en leg ze op een bakplaat. Grill ongeveer 5 minuten tot ze bruin zijn. Haal eruit en laat afkoelen. Draai de oven naar 375 ° F. Leg de gekoelde aubergine met de snijkant naar boven in een ovenschaal van 9 x 13 inch. Haal voorzichtig wat vruchtvlees eruit om ruimte te maken voor de vulling.

Meng de helft van de tomatensaus, gekookte rijst en pijnboompitten in een kom. Vul elke auberginehelft met het rijstmengsel. Meng in dezelfde kom de rest van de tomatensaus met het water. Giet over de aubergine. Bak afgedekt 20 minuten tot de aubergine gaar is.

**Voedingswaarden (per 100g):** 453 calorieën 39 g vet 29 g koolhydraten 7 g eiwit 820 mg natrium

# Plantaardige couscous

**Bereidingstijd: 15 minuten**

**kooktijd**: 45 minuten

**Porties: 8**

**Moeilijkheidsgraad: moeilijk**

**Ingrediënten:**

- ¼ kopje olijfolie
- 1 ui, gesnipperd
- 4 teentjes knoflook, gehakt
- 2 jalapeñopepers, op verschillende plaatsen met een vork ingestoken
- ½ theelepel gemalen komijn
- ½ theelepel gemalen koriander
- 1 blik (28 ons) geplette tomaten
- 2 eetlepels tomatenpuree
- 1/8 theelepel zout
- 2 laurierblaadjes
- 11 kopjes water, verdeeld
- 4 wortelen
- 2 courgettes, in stukjes van 2 cm gesneden
- 1 eikelpompoen, gehalveerd, gehakt en in plakken van 2,5 cm dik gesneden
- 1 blik (15 ons) kikkererwten, uitgelekt en afgespoeld

- ¼ kopje gehakte gekonfijte citroenen (optioneel)
- 3 kopjes couscous

**Tips:**

Kook de olijfolie in een pan met dikke bodem. Doe de ui erbij en bak 4 minuten. Voeg de knoflook, jalapeños, komijn en koriander toe. Kook gedurende 1 minuut. Voeg de tomaten, tomatenpuree, zout, laurierblaadjes en 8 kopjes water toe. Breng het mengsel aan de kook.

Voeg de wortelen, courgette en acorn squash toe en breng opnieuw aan de kook. Zet het vuur iets lager, dek af en kook ongeveer 20 minuten, tot de groenten zacht maar niet papperig zijn. Bereid 2 kopjes kookvocht en zet apart. Breng indien nodig op smaak.

Voeg kikkererwten en gekonfijte citroenen toe (indien gebruikt). Laat een paar minuten koken en zet het vuur uit.

Breng in een middelgrote pan de resterende 3 kopjes water aan de kook op hoog vuur. Voeg de couscous toe, dek af en zet het vuur uit. Zet de couscous 10 minuten opzij. Besprenkel met 1 kopje bewaarde kookvloeistof. Maak de couscous los met een vork.

Monteer het op een groot bord. Besprenkel met de rest van het kookvocht. Haal de groenten uit de pan en leg ze erop. Serveer de overige stamppot in een aparte kom.

**Voedingswaarden (per 100g):** 415 calorieën 7 g vet 75 g koolhydraten 9 g eiwit 718 mg natrium

# kushari

**Bereidingstijd: 25 minuten**

**kooktijd**: 1 uur en 20 minuten

**Porties: 8**

**Moeilijkheidsgraad: moeilijk**

**Ingrediënten:**

- voor de saus
- 2 eetlepels olijfolie
- 2 teentjes knoflook, gehakt
- 1 blik (16 ons) tomatensaus
- ¼ kopje witte azijn
- ¼ kopje Harissa, dat in de winkel wordt gekocht
- 1/8 theelepel zout
- Voor rijst
- 1 kopje olijfolie
- 2 uien, in dunne plakjes gesneden
- 2 kopjes gedroogde bruine linzen
- 4 liter plus ½ kopje water, verdeeld
- 2 kopjes kortkorrelige rijst
- 1 theelepel zout
- 1 pond korte elleboogpasta
- 1 blik (15 ons) kikkererwten, uitgelekt en afgespoeld
-

**Tips:**

Om de saus te maken

Kook de olijfolie in een pannetje. Fruit de knoflook. Voeg tomatensaus, azijn, harissa en zout toe. Breng de saus aan de kook. Zet het vuur lager en kook gedurende 20 minuten of tot de saus dikker wordt. Verwijder en zet opzij.

Om rijst te maken

Bereid de plaat voor met absorberend papier en zet opzij. Verhit de olijfolie in een grote koekenpan op middelhoog vuur. Fruit de ui, vaak roerend, tot krokant en goudbruin. Leg de ui op het voorbereide bord en zet apart. Bewaar 2 eetlepels bakolie. Reserveer de pan.

Combineer de linzen en 4 kopjes water in een pan op hoog vuur. Kook en kook gedurende 20 minuten. Giet af en meng met de gereserveerde 2 eetlepels bakolie. zet het neer. Reserveer het zwembad.

Plaats de pan waarin je de uien hebt gebakken op middelhoog vuur en voeg de rijst, 4½ kopjes water en zout toe. Aan de kook brengen. Zet het vuur laag en kook 20 minuten. Schakel uit en zet 10 minuten opzij. Kook de resterende 8 kopjes gezouten water op hoog vuur in dezelfde pan waarin je de linzen hebt gekookt. Voeg pasta toe en kook 6 minuten of volgens de aanwijzingen op de verpakking. Leegmaken en opbergen.

vouw

Giet de rijst op een serveerschaal. Voeg linzen, kikkererwten en pasta toe. Besprenkel met pikante tomatensaus en bestrooi met krokant gebakken uitjes.

**Voedingswaarden (per 100g):** 668 calorieën 13 g vet 113 g koolhydraten 18 g eiwit 481 mg natrium

# Bulgur met tomaten en kikkererwten

**Bereidingstijd: 10 minuten**

**kooktijd**: 35 minuten

**Porties: 6**

**Moeilijkheidsgraad: gemiddeld**

**Ingrediënten:**

- ½ kopje olijfolie
- 1 ui, gesnipperd
- 6 in blokjes gesneden tomaten of 1 16-ounce blik tomatenblokjes
- 2 eetlepels tomatenpuree
- 2 glazen water
- 1 eetlepel Harissa of in de winkel gekocht
- 1/8 theelepel zout
- 2 kopjes grove bulgur
- 1 blik (15 ons) kikkererwten, uitgelekt en afgespoeld

**Tips:**

Verhit de olijfolie in een zware koekenpan op middelhoog vuur. Fruit de ui, voeg dan de tomaten met sap toe en bak 5 minuten.

Voeg tomatenpuree, water, harissa en zout toe. Aan de kook brengen.

Voeg bulgur en kikkererwten toe. Breng het mengsel weer aan de kook. Zet het vuur lager en kook gedurende 15 minuten. Zet 15 minuten apart voor het opdienen.

**Voedingswaarden (per 100g):** 413 calorieën 19 g vet 55 g koolhydraten 14 g eiwit 728 mg natrium

# Maccheroni makreel

**Bereidingstijd: 10 minuten**

**kooktijd**: 15 minuten

**Porties: 4**

**Moeilijkheidsgraad: Makkelijk**

**Ingrediënten:**

- 12 oz Maccheroni
- 1 teentje knoflook
- Tomatensaus 14 ons
- 1 takje gehakte peterselie
- 2 verse pepers
- 1 theelepel zout
- 7 ons makreel in olie
- 3 eetlepels extra vergine olijfolie

**Tips:**

Begin met kokend water in een pan. Als het water heet is, pak je een pan, giet er wat olie en wat knoflook in en kook op laag vuur. Zodra de knoflook gaar is, haal je deze uit de pan.

Open de paprika, verwijder de binnenste zaadjes en snijd in dunne reepjes.

Voeg het kookwater en de chili toe aan dezelfde pan als hiervoor. Neem vervolgens de makreel, en nadat je de olie hebt afgetapt en met een vork hebt gescheiden, doe je deze in de pan met de rest van de ingrediënten. Laat na het koken lichtjes bruin worden door een beetje water toe te voegen.

Zodra alle ingrediënten goed gemengd zijn, voeg je de tomatenpuree toe aan de pan. Roer goed om alle ingrediënten gelijkmatig te verdelen en kook op laag vuur gedurende ongeveer 3 minuten.

Voor deegwaren:

Voeg zout en pasta toe als het water begint te koken. Giet de maccheroni af als ze licht beetgaar zijn en voeg ze toe aan de bereide saus.

Bak nog even in de saus en breng na het proeven op smaak met zout en peper.

**Voedingswaarden (per 100g):** 510 calorieën 15,4 g vet 70 g koolhydraten 22,9 g eiwit 730 mg natrium

# Maccheroni met kerstomaatjes en ansjovis

**Bereidingstijd: 10 minuten**

**kooktijd**: 15 minuten

**Porties: 4**

**Moeilijkheidsgraad: Makkelijk**

**Ingrediënten:**

- Maccheroni Pasta 14 oz
- 6 gezouten ansjovis
- 4 ons cherrytomaatjes
- 1 teentje knoflook
- 3 eetlepels extra vergine olijfolie
- Verse pepers naar smaak
- 3 basilicumblaadjes
- Zout naar smaak

**Tips:**

Begin met het opwarmen van het water in een pan en voeg zout toe terwijl het kookt. Bereid ondertussen de saus: Haal de tomaten uit de pan en snijd ze in 4 stukken.

Neem nu een koekenpan met antiaanbaklaag, sprenkel er wat olie op en doe er een teentje knoflook in. Haal het na het koken uit de pan. Voeg schone ansjovis toe aan de pan, los ze op in de olie.

Zodra de ansjovis goed gesmolten is, voeg je de stukjes tomaat toe en zet je het vuur hoger tot ze zacht beginnen te worden (pas op dat je ze niet te zacht maakt).

Voeg de hete peper zonder pit toe, snij in kleine stukjes en breng op smaak.

Doe de pasta in een pan met kokend water, giet al dente af en doe even terug in de pan.

**Voedingswaarden (per 100g):** 476 calorieën 11 g vet 81,4 g koolhydraten 12,9 g eiwit 763 mg natrium

# Risotto met citroen en garnalen

**Bereidingstijd: 10 minuten**

**kooktijd**: 30 minuten

**Porties: 4**

**Moeilijkheidsgraad: Makkelijk**

**Ingrediënten:**

- 1 citroen
- 14 ons gepelde garnalen
- 1 kopje risottorijst
- 1 witte ui
- 33 fl. oz (1 liter) groentebouillon (zelfs minder is prima)
- 2 ½ eetlepel boter
- ½ kopje witte wijn
- Zout naar smaak
- Zwarte peper naar smaak
- Bieslook naar smaak

**Tips:**

Begin met het koken van de garnalen in gezouten water gedurende 3-4 minuten, giet af en zet opzij.

Schil en snipper de ui, bak met gesmolten boter en bak de rijst na het drogen in een pan een paar minuten.

Giet een half glas witte wijn over de rijst en voeg het sap van 1 citroen toe. Roer en kook de rijst af, voeg indien nodig een eetlepel groentebouillon toe.

Roer goed en voeg een paar minuten voor het einde van de kooktijd de eerder gekookte garnalen toe (houd er een paar apart voor de garnering) en een beetje zwarte peper.

Voeg als het vuur voorbij is een stuk boter toe en meng. De risotto is klaar om geserveerd te worden. Garneer met de rest van de garnalen en bestrooi met bieslook.

**Voedingswaarden (per 100g):** 510 calorieën 10 g vet 82,4 g koolhydraten 20,6 g eiwit 875 mg natrium

# Spaghetti met kokkels

**Bereidingstijd: 10 minuten**

**kooktijd**: 40 minuten

**Porties: 4**

**Moeilijkheidsgraad: Makkelijk**

**Ingrediënten:**

- 11,5 ons spaghetti
- 2 pond mosselen
- 7 ons tomatensaus of tomatenpulp voor de rode versie van dit gerecht
- 2 teentjes knoflook
- 4 eetlepels extra vergine olijfolie
- 1 glas droge witte wijn
- 1 eetlepel fijngehakte peterselie
- 1 Spaanse peper

**Tips:**

Begin met het wassen van de mosselen: maak de mosselen nooit "schoon", ze mogen alleen met warmte worden geopend, anders gaat hun kostbare inwendige vloeistof samen met het zand verloren. Was de kokkels snel met een vergiet in een kom: hierdoor wordt het zand uit de schelpen gefilterd.

Doe de uitgelekte mosselen dan direct in een steelpan met deksel op hoog vuur. Draai ze af en toe om en als ze bijna allemaal open zijn, haal je ze van het vuur. Mosselen die verzegeld blijven, zijn dood en moeten worden weggegooid. Haal de weekdieren uit de geopende weekdieren en laat wat heel over voor garnering van gerechten. Giet de resterende vloeistof op de bodem van de pot af en zet opzij.

Neem een grote pan en giet er wat olie in. Verhit de hele paprika en een of twee teentjes geperste knoflook op zeer laag vuur tot de teentjes gelig worden. Voeg de mosselen toe en breng op smaak met droge witte wijn.

Voeg nu het eerder uitgelekte mosselvocht en wat fijngehakte peterselie toe.

Giet de spaghetti af en doe hem direct na het koken al dente in ruim gezouten water in de pan. Roer goed door tot de spaghetti al het mosselvocht heeft opgenomen. Als je geen chili hebt gebruikt, voeg dan een klein snufje witte of zwarte peper toe.

**Voedingswaarden (per 100g):** 167 calorieën 8 g vet 8,63 g koolhydraten 5 g eiwit 720 mg natrium

# Griekse vissoep

**Bereidingstijd: 10 minuten**

**kooktijd**: 60 minuten

**Porties: 4**

**Moeilijkheidsgraad: Makkelijk**

**Ingrediënten:**

- heek of andere witte vis
- 4 aardappelen
- 4 ballonnen
- 2 wortelen
- 2 stengels bleekselderij
- 2 tomaten
- 4 eetlepels extra vergine olijfolie
- 2 eieren
- 1 citroen
- 1 kopje rijst
- Zout naar smaak

**Tips:**

Kies een vis die niet groter is dan 2,2 pond, verwijder zijn schubben, kieuwen en ingewanden en was hem goed. Zout en zet opzij.

Was de aardappelen, wortelen en uien en doe ze in hun geheel in een pan met voldoende water om ze te laten weken en breng aan de kook.

Voeg de bleekselderij toe, nog in bosjes gebonden zodat deze tijdens het koken niet uit elkaar valt, snijd de tomaten in vieren en voeg ook deze toe met de olie en het zout.

Voeg als de groenten bijna gaar zijn meer water en vis toe. Laat 20 minuten koken en haal dan uit de bouillon met de groenten.

Leg de vis in een serveerschaal, snijd hem met groenten en zeef de bouillon. Breng de bouillon terug naar het vuur en verdun het met een kleine hoeveelheid water. Voeg als het kookt de rijst toe en breng op smaak met zout. Zodra de rijst gaar is, haal je de pan van het vuur.

Bereid de avgolemonosaus:

Klop de eieren goed los en voeg langzaam het citroensap toe. Giet wat bouillon in de pollepel en giet langzaam over de eieren, onder voortdurend roeren.

Voeg ten slotte de resulterende saus toe aan de soep en meng goed.

**Voedingswaarden (per 100g):** 263 calorieën 17,1 g vet 18,6 g koolhydraten 9 g eiwit 823 mg natrium

## Venere Rijst Met Garnalen

**Bereidingstijd: 10 minuten**

**kooktijd**: 55 minuten

**Porties: 3**

**Moeilijkheidsgraad: Makkelijk**

**Ingrediënten:**

- 1 ½ kopje Venere zwarte rijst (bij voorkeur gestoomd)
- 5 theelepels extra vergine olijfolie
- 10,5 ons garnalen
- 10,5 ons courgette
- 1 citroen (sap en schil)
- Tafelzout naar smaak
- Zwarte peper naar smaak
- 1 teentje knoflook
- Tabasco naar smaak

**Tips:**

Laten we beginnen met de rijst:

Nadat je de pan met veel water hebt gevuld en aan de kook hebt gebracht, voeg je de rijst en het zout toe en kook je de rijst gedurende de juiste tijd (raadpleeg de kookinstructies op de verpakking).

Rasp ondertussen de courgette met een grove rasp. Verhit in een koekenpan de olijfolie met het gepelde teentje knoflook, voeg de geraspte courgette, zout en peper toe, bak 5 minuten, verwijder het teentje knoflook en bewaar de groenten.

Maak nu de garnalen schoon:

Schil verwijderen, staart afsnijden, in de lengte doormidden snijden en darm verwijderen (zwarte draad aan de achterkant). Doe de schoongemaakte garnalen in een kom en breng op smaak met olijfolie; geef het wat meer smaak door citroenrasp, zout en peper toe te voegen en eventueel een paar druppels Tabasco toe te voegen.

Verwarm de garnalen een paar minuten in een voorverwarmde pan. Zet opzij na het koken.

Als de Venere-rijst klaar is, giet je deze af in een kom, voeg je het courgettemengsel toe en meng je het.

**Voedingswaarden (per 100g):** 293 calorieën 5 g vet 52 g koolhydraten 10 g eiwit 655 mg natrium

# Pennette met zalm en wodka

**Bereidingstijd: 10 minuten**

**kooktijd**: 18 minuten

**Porties: 4**

**Moeilijkheidsgraad: Makkelijk**

**Ingrediënten:**

- Pennette Rigate 14 oz
- 7 ons gerookte zalm
- 1,2 ons sjalotten
- 40 ml wodka
- 5 ons cherrytomaatjes
- 7 ons room (ik raad groente aan voor een lichter gerecht)
- Bieslook naar smaak
- 3 eetlepels extra vergine olijfolie
- Zout naar smaak
- Zwarte peper naar smaak
- Basilicum naar smaak (ter garnering)

**Tips:**

Was en hak de tomaten en bieslook fijn. Nadat je de sjalot hebt gepeld, hak je hem fijn met een mes, doe je hem in een pan en marineer je hem even in extra vierge olijfolie.

Snijd ondertussen de zalm in reepjes en bak in olie met sjalotten.

Meng alles met de wodka, wees voorzichtig, want er kan een vlam verschijnen (maak je geen zorgen als de vlam opstijgt, hij dooft zodra de alcohol volledig is verdampt). Voeg geplette tomaten toe en voeg een snufje zout en eventueel wat peper toe. Voeg ten slotte zure room en gehakte bieslook toe.

Terwijl de saus nog kookt, bereid je de pasta. Zodra het water kookt, voeg je de pennelets toe en kook je ze al dente.

Giet de pasta af en giet de pennelets in de saus, laat even koken om alle smaak op te nemen. Garneer eventueel met een blaadje basilicum.

**Voedingswaarden (per 100g):** 620 calorieën 21,9 g vet 81,7 g koolhydraten 24 g eiwit 326 mg natrium

# Carbonara-zeevruchten

**Bereidingstijd: 15 minuten**

**kooktijd**: 50 minuten

**Porties: 3**

**Moeilijkheidsgraad: Makkelijk**

**Ingrediënten:**

- 11,5 ons spaghetti
- 3,5 ons tonijn
- 3,5 ons zwaardvis
- 3,5 ons zalm
- 6 dooiers
- 4 el Parmezaanse kaas (Parmigiano Reggiano)
- 2 fl. een ons (60 ml) witte wijn
- 1 teentje knoflook
- Extra vergine olijfolie naar smaak
- Tafelzout naar smaak
- Zwarte peper naar smaak

**Tips:**

Bereid kokend water in een pan en voeg wat zout toe.

Giet ondertussen 6 eidooiers in een kom en voeg geraspte parmezaan, peper en zout toe. Klop met een garde en verdun met een beetje water uit de pot.

Verwijder de graatjes van de zalm, de schubben van de zwaardvis en snijd de tonijn, zalm en zwaardvis in blokjes.

Voeg als het gaar is de pasta toe en kook lichtjes al dente.

Verhit ondertussen in een grote pan wat olie, voeg een heel gepeld teentje knoflook toe. Voeg als de olie heet is de visblokjes toe en bak op hoog vuur ongeveer 1 minuut. Verwijder de knoflook en voeg de witte wijn toe.

Als de alcohol is verdampt, verwijder je de visblokjes en zet je het vuur lager. Als de spaghetti klaar is, doe je deze in de pan en kook je ongeveer een minuut, onder voortdurend roeren en voeg indien nodig het kookwater toe.

Giet het eidooiermengsel en de visblokjes erbij. Goed mengen. Dienen.

**Voedingswaarden (per 100g):** 375 calorieën 17 g vet 41,40 g koolhydraten 14 g eiwit 755 mg natrium

# Garganelli met courgettepesto en garnalen

**Bereidingstijd: 10 minuten**

**kooktijd**: 30 minuten

**Porties: 4**

**Moeilijkheidsgraad: gemiddeld**

**Ingrediënten:**

- 14 ons Garganella op basis van eieren
- Voor courgettepesto:
- 7 ons courgette
- 1 kopje pijnboompitten
- 8 eetlepels basilicum
- 1 theelepel keukenzout
- 9 eetlepels extra vierge olijfolie
- 2 el geraspte parmezaan
- 1 ons Pecorino om te raspen
- Voor de gebakken garnalen:
- 8,8 ons garnalen
- 1 teentje knoflook
- 7 theelepels extra vergine olijfolie
- Snufje zout

**Tips:**

Begin met het bereiden van de pesto:

Rasp na het wassen de courgette, doe ze in een vergiet (om overtollig vocht af te tappen) en licht zout. Doe de pijnboompitten, courgette en basilicumblaadjes in een blender. Voeg geraspte Parmezaanse kaas, pecorino en extra vierge olijfolie toe.

Meng alles tot een romige consistentie, voeg een snufje zout toe en zet opzij.

Schakel over op Garnalen:

Verwijder eerst de darm door met een mes de achterkant van de garnaal over de gehele lengte door te snijden en met de punt van een mes de zwarte draad in het midden te verwijderen.

Fruit een teentje knoflook in een pan met antiaanbaklaag met extra vierge olijfolie. Als ze bruin zijn, verwijder je de knoflook en voeg je de garnalen toe. Bak ze ongeveer 5 minuten op middelhoog vuur tot er een krokant korstje aan de buitenkant ontstaat.

Kook vervolgens gezouten water in een pan en kook de Garganelli. Bewaar een paar eetlepels van het kookvocht en giet de pasta al dente af.

Doe de Garganelli in de pan waarin je de garnalen hebt gebakken. Laat samen een minuut koken, voeg een eetlepel kokend water toe en voeg als laatste de courgettepesto toe.

Meng alles goed om de pasta met de saus te combineren.

**Voedingswaarden (per 100g):** 776 calorieën 46 g vet 68 g koolhydraten 22,5 g eiwit 835 mg natrium

# Risotto Met Zalm

**Bereidingstijd: 10 minuten**

**kooktijd**: 30 minuten

**Porties: 4**

**Moeilijkheidsgraad: gemiddeld**

**Ingrediënten:**

- 1 kop rijst
- 8,8 ons zalmsteaks
- 1 prei
- Extra vergine olijfolie naar smaak
- 1 teentje knoflook
- ½ kopje witte wijn
- 3 ½ el geraspte Grana Padano
- zout naar smaak
- Zwarte peper naar smaak
- 17 fl. oz (500 ml) visbouillon
- 1 kopje boter

**Tips:**

Begin met het schoonmaken van de zalm en snijd hem in kleine stukjes. Bak in een koekenpan 1 el olie met een heel teentje knoflook en bak de zalm 2/3 minuten, zout en bewaar de zalm door de knoflook eruit te halen.

Begin nu met het bereiden van de risotto:

Snijd de prei in zeer kleine stukjes en stoof in een pan op laag vuur met twee eetlepels olie. Voeg de rijst toe en kook een paar seconden op middelhoog vuur, al roerend met een houten lepel.

Voeg de witte wijn toe en blijf koken, af en toe roeren om te voorkomen dat de rijst aan de pan blijft plakken, en voeg geleidelijk de bouillon (groente of vis) toe.

Voeg halverwege de kooktijd de zalm, boter en eventueel een snufje zout toe. Zodra de rijst goed gaar is, haal je van het vuur. Roer een paar eetlepels geraspte Grana Padano erdoor en serveer.

**Voedingswaarden (per 100g):** 521 calorieën 13 g vet 82 g koolhydraten 19 g eiwit 839 mg natrium

# Pasta met kerstomaatjes en ansjovis

**Bereidingstijd: 15 minuten**

**kooktijd**: 35 minuten

**Porties: 4**

**Moeilijkheidsgraad: Makkelijk**

**Ingrediënten:**

- 10,5 ons spaghetti
- 1,3 pond cherrytomaatjes
- 9 ons ansjovis (vooraf schoongemaakt)
- 2 eetlepels kappertjes
- 1 teentje knoflook
- 1 kleine rode ui
- Peterselie naar smaak
- Extra vergine olijfolie naar smaak
- Tafelzout naar smaak
- Zwarte peper naar smaak
- Zwarte olijven naar smaak

**Tips:**

Snijd het teentje knoflook in dunne plakjes.

Snijd de tomaten in 2 stukken. Schil de ui en hak fijn.

Giet wat olijfolie in een pan met gehakte knoflook en ui. Verwarm gedurende 5 minuten op middelhoog vuur; Roer af en toe.

Voeg als alles geurig is de kerstomaatjes toe en een snufje zout en peper. Bak 15 minuten. Zet ondertussen een pan met water op het vuur en voeg zodra het kookt zout en pasta toe.

Als de saus bijna klaar is, voeg je de ansjovis toe en bak je deze een paar minuten mee. Meng voorzichtig.

Zet het vuur uit, hak de peterselie fijn en doe deze in de pan.

Giet de pasta af zodra deze gaar is en voeg deze direct toe aan de saus. Zet de verwarming weer een paar seconden aan.

**Voedingswaarden (per 100g):** 446 calorieën 10 g vet 66,1 g koolhydraten 22,8 g eiwit 934 mg natrium

# Orecchiette met broccoli en worstjes

**Bereidingstijd: 10 minuten**

**kooktijd**: 32 minuten

**Porties: 4**

**Moeilijkheidsgraad: gemiddeld**

### Ingrediënten:

- Orecchiette 11,5 oz?
- 10.5 Broccoli
- 10,5 ons worst
- 40 ml witte wijn
- 1 teentje knoflook
- 2 takjes tijm
- 7 theelepels extra vergine olijfolie
- Zwarte peper naar smaak
- Tafelzout naar smaak

**Tips:**

Kook een pan vol met water en zout. Verwijder de broccoliroosjes van de steel en snijd ze doormidden of in 4 stukken als ze te groot zijn; gooi ze dan in kokend water en dek de pan af en kook 6-7 minuten.

Snijd ondertussen de tijm fijn en zet apart. Verwijder het omhulsel van de worst en plet het voorzichtig met een vork.

Fruit een teentje knoflook in een beetje olijfolie en voeg de worst toe. Voeg na enkele seconden de tijm en wat witte wijn toe.

Zonder het kookwater eruit te gieten, de gekookte broccoli met een schuimspaan uit de pan halen en beetje bij beetje aan het vlees toevoegen. Kook alles 3-4 minuten. Verwijder de knoflook en voeg een snufje zwarte peper toe.

Kook het water waarin je de broccoli hebt gekookt, voeg dan de pasta toe en kook. Zodra de pasta gaar is, giet je deze af met een schuimspaan en doe je deze direct bij de broccoli- en worstsaus. Meng dan goed, voeg zwarte peper toe en bak alles een paar minuten in een pan.

**Voedingswaarden (per 100g):** 683 calorieën 36 g vet 69,6 g koolhydraten 20 g eiwit 733 mg natrium

# Risotto met radicchio en gerookt spek

**Bereidingstijd: 10 minuten**

**kooktijd**: 30 minuten

**Porties: 3**

**Moeilijkheidsgraad: gemiddeld**

**Ingrediënten:**

- 1 ½ kopje rijst
- 14oz radicchio
- 5,3 ons gerookt spek
- 34 fl. oz (1l) groentebouillon
- 3,4 fl. oz (100 ml) rode wijn
- 7 theelepels extra vergine olijfolie
- 1,7 oz sjalotten
- Tafelzout naar smaak
- Zwarte peper naar smaak
- 3 takjes tijm

**Tips:**

Laten we beginnen met het bereiden van de groentebouillon.

Begin met de radicchio: snijd hem doormidden en verwijder het middelste gedeelte (het witte gedeelte). Snijd in reepjes, spoel goed af en zet opzij. Gerookt spek ook in dunne reepjes gesneden.

Snipper de sjalot fijn en doe deze in een pan met een beetje olie. Laat sudderen op middelhoog vuur, voeg een soeplepel bouillon toe, voeg dan de stukjes spek toe en bruin.

Voeg na ongeveer 2 minuten de rijst en toast toe, vaak roerend. Giet nu de rode wijn op hoog vuur.

Als alle alcohol is verdampt, ga je door met koken en voeg je een soeplepel bouillon per keer toe. Laat de vorige drogen voordat je de volgende toevoegt tot deze volledig gaar is. Voeg zout en zwarte peper toe (afhankelijk van hoeveel je besluit toe te voegen).

Voeg aan het einde van de bereiding de plakjes radicchio toe. Roer ze goed door tot ze gemengd zijn met de rijst, maar kook ze niet. Voeg gehakte tijm toe.

**Voedingswaarden (per 100g):** 482 calorieën 17,5 g vet 68,1 g koolhydraten 13 g eiwit 725 mg natrium

## biscuitgebak

**Bereidingstijd: 10 minuten**

**kooktijd**: 25 minuten

**Porties: 3**

**Moeilijkheidsgraad: gemiddeld**

**Ingrediënten:**

- 11,5 oz Ziti
- 1 pond rundvlees
- 2,2 pond gouden uien
- 2 ons bleekselderij
- 2 ons wortelen
- 1 bosje peterselie
- 3,4 fl. oz (100 ml) witte wijn
- Extra vergine olijfolie naar smaak
- Tafelzout naar smaak
- Zwarte peper naar smaak
- Parmezaanse kaas naar smaak

**Tips:**

Om de pasta te bereiden, begin je met:

Schil en snijd de ui en wortel fijn. Was en hak vervolgens de bleekselderij fijn (gooi de bladeren niet weg, die moeten ook worden gehakt en opzij worden gezet). Ga dan naar het vlees, verwijder overtollig vet en snijd het in 5/6 grote stukken. Bind tot slot de selderijblaadjes en een takje peterselie samen met keukentouw tot een geurig boeket.

Giet veel olie in een grote pan. Voeg de ui, bleekselderij en wortels toe (die je eerder opzij hebt gezet) en bak een paar minuten.

Voeg vervolgens stukjes vlees, een snufje zout en een geurig boeket toe. Roer en kook een paar minuten. Verlaag vervolgens het vuur en dek af met een deksel.

Laat minimaal 3 uur koken (voeg geen water of bouillon toe, omdat de uien al het vocht afgeven, waardoor de bodem van de pan niet uitdroogt). Controleer alles en roer af en toe.

Verwijder na 3 uur koken het bosje kruiden, zet het vuur iets hoger, voeg wat wijn toe en roer.

Kook het vlees onafgedekt ongeveer een uur, roer regelmatig en voeg de wijn toe als de bodem van de pan droog is.

Neem nu een stuk vlees, snijd het in plakjes op een snijplank en leg apart. Hak de ziti en kook ze gaar in gezouten kokend water.

Eenmaal gekookt, giet af en doe terug in de pan. Giet een paar eetlepels kokend water en meng. Schik op een bord en voeg wat saus en versnipperd vlees toe (degene die gereserveerd is in stap 7). Voeg naar smaak peper en geraspte parmezaan toe.

**Voedingswaarden (per 100g):** 450 calorieën 8 g vet 80 g koolhydraten 14,5 g eiwit 816 mg natrium

# Napolitaanse bloemkoolpasta

**Bereidingstijd: 15 minuten**

**kooktijd**: 35 minuten

**Porties: 3**

**Moeilijkheidsgraad: gemiddeld**

**Ingrediënten:**

- 10,5 ons pasta
- 1 bloemkool
- 3,4 fl. 100 ml tomatenpuree
- 1 teentje knoflook
- 1 Spaanse peper
- 3 eetlepels extra vierge olijfolie (of theelepels)
- Zout naar smaak
- peper naar smaak

**Tips:**

Maak de bloemkool goed schoon: verwijder de buitenste bladeren en steel. Snijd in kleine boeketten.

Pel het teentje knoflook, hak het fijn en bak het bruin in een pan met olijfolie en chilipeper.

Voeg de tomatenpuree en bloemkoolroosjes toe en laat ze een paar minuten bruin worden op middelhoog vuur, giet dan een paar pollepels water erbij en kook 15-20 minuten of in ieder geval tot de kool gaar is en de bloem romig is.

Als je merkt dat de bodem van de pan te droog is, voeg dan zoveel water toe als nodig is om het mengsel vloeibaar te maken.

Giet nu heet water over de bloemkool en voeg de noedels toe als ze gaar zijn.

Kruid met peper en zout.

**Voedingswaarden (per 100g):** 458 calorieën 18 g vet 65 g koolhydraten 9 g eiwit 746 mg natrium

# Pasta e Fagioli met sinaasappel en venkel

**Bereidingstijd: 10 minuten**

**kooktijd**: 30 minuten

**Porties: 5**

**Moeilijkheidsgraad: Moeilijk**

**Ingrediënten:**

- Extra vierge olijfolie - 1 eetl. plus extra voor de service
- Pancetta - 2 ons, fijngehakt
- Uien - 1, fijngehakt
- Venkel - 1 bol, scheuten weggegooid, knollen gehalveerd, gehakt en fijngehakt
- Selderij - 1 rib, fijngehakt
- Knoflook - 2 teentjes, fijngehakt
- Ansjovisfilets - 3, gespoeld en gemalen
- Gehakte verse oregano - 1 eetl.
- geraspte sinaasappelschil - 2 el.
- Venkelzaadjes - ½ theel.
- Rode pepervlokken - ¼ theelepel.
- Tomatenblokjes - 1 blik (28 ons)
- Parmezaanse kaas - 1 korst plus meer om te serveren
- Cannellinibonen - 1 blik van 7 oz, afgespoeld
- Kippenbouillon - 2 ½ kopjes
- Water - 2 ½ kopjes
- Zout en peper

- Orzo - 1 kop
- Gehakte verse peterselie - ¼ kopje

**Tips:**

Verhit de olie in een Nederlandse oven op middelhoog vuur. Voeg pancetta toe. Bak 3 tot 5 minuten of tot het bruin begint te worden. Roer de bleekselderij, venkel en ui erdoor en kook tot ze zacht zijn (ongeveer 5-7 minuten).

Meng chilivlokken, venkelzaad, sinaasappelschil, oregano, ansjovis en knoflook. Kook gedurende 1 minuut. Voeg tomaten en hun sap toe. Roer de Parmezaanse schil en bonen erdoor.

Stoof en kook gedurende 10 minuten. Meng water, bouillon en 1 eetl. Zout. Kook op hoog vuur. Pasta toevoegen en koken tot al dente.

Haal van het vuur en verwijder de schil van de Parmezaanse kaas.

Roer de peterselie erdoor en breng op smaak met zout en peper. Besprenkel met een beetje olijfolie en bestrooi met geraspte Parmezaanse kaas. Dienen.

**Voedingswaarden (per 100g):** 502 calorieën 8,8 g vet 72,2 g koolhydraten 34,9 g eiwit 693 mg natrium

# Spaghetti met limoen

**Bereidingstijd: 10 minuten**

**kooktijd**: 15 minuten

**Porties: 6**

**Moeilijkheidsgraad: Makkelijk**

**Ingrediënten:**

- Extra vergine olijfolie - ½ kopje
- geraspte citroenschil - 2 el.
- Citroensap - 1/3 kop
- Knoflook - 1 teentje, vermalen tot een pasta
- Zout en peper
- Parmezaanse kaas - 2 ons, geraspt
- Spaghetti - 1 pond
- Geraspte verse basilicum - 6 el.

**Tips:**

Meng in een kom de knoflook, olie, citroenschil, sap, ½ tl. zout en c.peper. Voeg Parmezaanse kaas toe en mix tot romig.

Kook ondertussen de pasta volgens de aanwijzingen op de verpakking. Giet af en bewaar ½ kopje kookwater. Voeg het mengsel van olie en basilicum toe aan de pasta en meng om te combineren. Breng goed op smaak en voeg eventueel kookvocht toe. Dienen.

**Voedingswaarden (per 100g):** 398 calorieën 20,7 g vet 42,5 g koolhydraten 11,9 g eiwit 844 mg natrium

# Pittige Groentecouscous

**Bereidingstijd: 10 minuten**

**kooktijd**: 20 minuten

**Porties: 6**

**Moeilijkheidsgraad: moeilijk**

**Ingrediënten:**

- Bloemkool - 1 kop, in roosjes van 2,5 cm gesneden
- Extra vierge olijfolie - 6 el. plus extra voor de service
- Zout en peper
- Couscous - 1 ½ kopje
- Courgette - 1, in stukjes van ½ inch gesneden
- Rode pepers - 1, stengels, zaden en in stukjes van ½ inch gesneden
- Knoflook - 4 teentjes, fijngehakt
- Ras el hanout - 2 eetl.
- geraspte citroenschil -1 eetl. plus kwartjes citroen om te serveren
- Kippenbouillon - 1 ¾ kopje
- Gehakte verse marjolein - 1 eetl.

**Tips:**

Verhit in een pan 2 el. olie op middelhoog vuur. Voeg bloemkool toe, ¾ theel. zout en ½ tl. peper. Samenvoegen. Kook tot de roosjes bruin zijn en de randen doorschijnend zijn.

Verwijder het deksel en kook, al roerend, gedurende 10 minuten tot de roosjes goudbruin zijn. Doe over in een kom en maak de pan schoon. Verwarm 2 el. olie in de pan.

Voeg couscous toe. Blijf 3 tot 5 minuten koken en roeren tot de bonen bruin beginnen te worden. Doe over in een kom en maak de pan schoon. Verwarm 3 eetl. overgebleven eetlepels. olie in een pan en voeg paprika, courgette en ½ tl. Zout. Kook 8 minuten.

Voeg citroenrasp, ras el hanout en knoflook toe. Kook tot geurig (ongeveer 30 seconden). Doe in de bouillon en laat sudderen. Voeg couscous toe. Haal van het vuur en zet apart tot het zacht is.

Marjolein en bloemkool toevoegen; meng dan voorzichtig met een vork om toe te voegen. Besprenkel met extra olie en kruid goed. Serveer met kwartjes citroen.

**Voedingswaarden (per 100g):** 787 calorieën 18,3 g vet 129,6 g koolhydraten 24,5 g eiwit 699 mg natrium

# Pittige gebakken rijst met venkel

**Bereidingstijd: 10 minuten**

**kooktijd**: 45 minuten

**Porties: 8**

**Moeilijkheidsgraad: gemiddeld**

**Ingrediënten:**

- Zoete aardappelen - 1 ½ pond, geschild en in stukjes van 1 inch gesneden
- Extra vierge olijfolie - ¼ kopje
- Zout en peper
- Venkel - 1 bol, fijngehakt
- Kleine ui - 1, fijngehakt
- Langkorrelige witte rijst - 1 ½ kopjes, gespoeld
- Knoflook - 4 teentjes, fijngehakt
- Ras el hanout - 2 eetl.
- Kippenbouillon - 2 kopjes
- Grote gepekelde groene olijven - ¾ kopje, gehalveerd
- Gehakte verse koriander - 2 el.
- Kalk kwartalen

**Tips:**

Plaats het ovenrek in het midden en verwarm de oven voor op 400F. Meng de aardappelen met ½ tl. zout en 2 eetl. olie.

Schik de aardappelen in een enkele laag op de omrande bakplaat en bak ze 25-30 minuten of tot ze gaar zijn. Roer halverwege de kooktijd de aardappelen om.

Verwijder de aardappelen en verlaag de oventemperatuur tot 350F. Verwarm in een Nederlandse oven 2 el. olie op middelhoog vuur.

Voeg ui en venkel toe; Kook vervolgens 5-7 minuten tot ze zacht zijn. Voeg ras el hanout, knoflook en rijst toe. Bak gedurende 3 minuten.

Voeg de olijven en bouillon toe en zet 10 minuten opzij. Voeg de aardappelen toe aan de rijst en meng voorzichtig met een vork om te combineren. Breng op smaak met peper en zout. Garneer met koriander en serveer met partjes limoen.

**Voedingswaarden (per 100g):** 207 calorieën 8,9 g vet 29,4 g koolhydraten 3,9 g eiwit 711 mg natrium

# Marokkaanse couscous met kikkererwten

**Bereidingstijd: 5 minuten**

**kooktijd**: 18 minuten

**Porties: 6**

**Moeilijkheidsgraad: gemiddeld**

**Ingrediënten:**

- Extra vierge olijfolie - ¼ kopje, extra
- Couscous - 1 ½ kopje
- Geschilde en gehakte kleine wortels - 2
- Ui fijngehakt - 1
- Zout en peper
- Knoflook - 3 teentjes, fijngehakt
- Gemalen koriander - 1 eetl.
- Gemalen gember - oké.
- Gemalen anijszaden - ¼ theel.
- Kippenbouillon - 1 ¾ kopje
- Kikkererwten - 1 blik (15 ons), afgespoeld
- Bevroren erwten - 1 ½ kopjes
- Gehakte verse peterselie of koriander - ½ kopje
- citroen deeltjes

**Tips:**

Verwarm 2 el. olie in een koekenpan op middelhoog vuur. Voeg de couscous toe en kook 3 tot 5 minuten tot het bruin begint te worden. Doe over in een kom en maak de pan schoon.

Verwarm 2 el. olie in een pan en voeg uien, wortels en 1 eetl. Zout. Kook gedurende 5 tot 7 minuten. Voeg steranijs, gember, koriander en knoflook toe. Kook tot geurig (ongeveer 30 seconden).

Meng de kikkererwten met de bouillon en breng aan de kook. Voeg couscous en erwten toe. Dek af en haal van het vuur. Zet opzij tot de couscous zacht is.

Voeg de peterselie toe aan de couscous en pureer met een vork om te combineren. Voeg wat olie toe en breng goed op smaak. Serveer met kwartjes citroen.

**Voedingswaarden (per 100g):** 649 calorieën 14,2 g vet 102,8 g koolhydraten 30,1 g eiwit 812 mg natrium

# Vegetarische paella met sperziebonen en kikkererwten

**Bereidingstijd: 10 minuten**

**kooktijd**: 35 minuten

**Porties: 4**

**Moeilijkheidsgraad: Makkelijk**

**Ingrediënten:**

- een snufje saffraan
- Groentebouillon - 3 kopjes
- Olijfolie - 1 eetl.
- Gele ui - 1 grote, in blokjes gesneden
- Knoflook - 4 teentjes, gehakt
- Rode peper - 1, in blokjes gesneden
- Geplette tomaten - ¾ kopje, vers of ingeblikt
- Tomatenpuree - 2 el.
- Hete peper - 1 ½ theel.
- Zout - 1 eetl.
- versgemalen zwarte peper - ½ theel.
- Sperziebonen - 1 ½ kopjes, bijgesneden en gehalveerd
- Kikkererwten - 1 blik (15 ons), uitgelekt en afgespoeld
- Witte rijst met korte korrel - 1 kop
- Citroen - 1, in boten gesneden

**Tips:**

Meng de saffraandraadjes met 3 el. heet water in een kleine kom. Kook water in een pan op middelhoog vuur. Zet het vuur lager en laat sudderen.

Kook de olie in een koekenpan op middelhoog vuur. Voeg de ui toe en bak 5 minuten. Voeg de paprika en knoflook toe en bak 7 minuten tot de paprika zacht is. Voeg het saffraan-watermengsel, zout, peper, paprika, tomatenpuree en tomaten toe.

Voeg rijst, kikkererwten en sperziebonen toe. Voeg hete bouillon toe en breng aan de kook. Zet het vuur lager en laat 20 minuten sudderen.

Serveer warm, gegarneerd met partjes citroen.

**Voedingswaarden (per 100g):**709 calorieën 12 g vet 121 g koolhydraten 33 g eiwit 633 mg natrium

# Knoflookgarnalen met tomaten en basilicum

**Bereidingstijd: 10 minuten**
**kooktijd**: 10 minuten
**Porties: 4**
**Moeilijkheidsgraad: Makkelijk**

**Ingrediënten:**

- Olijfolie - 2 el.
- Garnalen - 1 ¼ lbs, gepeld en ontdaan van darmen
- Knoflook - 3 teentjes, fijngehakt
- Gemalen rode pepervlokken - 1/8 theel.
- Droge witte wijn - ¾ kopje
- Druiventomaten - 1 ½ kopjes
- Fijngehakte verse basilicum - ¼ kopje, plus meer voor garnering
- Zout - ¾ theelepel.
- Gemalen zwarte peper - ½ theel.

**Tips:**

Verhit de olie in een koekenpan op middelhoog vuur. Voeg de garnalen toe en kook 1 minuut of tot ze gaar zijn. Breng over naar een bord.

Doe de rode pepervlokken en knoflook in de olie in een koekenpan en bak al roerend 30 seconden. Voeg wijn toe en kook tot ongeveer de helft is ingekookt.

Voeg de tomaten toe en kook tot de tomaten beginnen af te breken (ongeveer 3-4 minuten). Voeg gereserveerde garnalen, zout, peper en basilicum toe. Kook nog 1 tot 2 minuten.

Serveer gegarneerd met de rest van de basilicum.

**Voedingswaarden (per 100g):** 282 calorieën 10 g vet 7 g koolhydraten 33 g eiwit 593 mg natrium

# Paella Met Garnalen

**Bereidingstijd: 10 minuten**

**kooktijd**: 25 minuten

**Porties: 4**

**Moeilijkheidsgraad: gemiddeld**

## Ingrediënten:

- Olijfolie - 2 el.
- Middelgrote ui - 1, in blokjes gesneden
- Rode peper - 1, in blokjes gesneden
- Knoflook - 3 teentjes, fijngehakt
- een snufje saffraan
- Hete peper - ¼ theel.
- Zout - 1 eetl.
- versgemalen zwarte peper - ½ theel.
- Kippenbouillon - 3 kopjes, verdeeld
- Witte rijst met korte korrel - 1 kop
- Grote garnalen, gepeld en ongesneden - 1 lb
- Bevroren erwten - 1 kop, ontdooid

**Tips:**

Verhit de olie in de pan. Voeg uien en paprika's toe en bak 6 minuten tot ze zacht zijn. Voeg zout, peper, paprikapoeder, saffraan en knoflook toe en meng. Voeg 2 ½ kopje bouillon en rijst toe.

Laat het mengsel koken en laat sudderen tot de rijst gaar is, ongeveer 12 minuten. Schik de garnalen en erwten op de rijst en voeg de resterende ½ kopje bouillon toe.

Doe de deksel weer op de pan en kook tot alle garnalen net gaar zijn (ongeveer 5 minuten). Dienen.

**Voedingswaarden (per 100g):**409 calorieën 10 g vet 51 g koolhydraten 25 g eiwit 693 mg natrium

# Linzensalade met olijven, munt en feta

**Bereidingstijd: 60 minuten**

**kooktijd**: 60 minuten

**Porties: 6**

**Moeilijkheidsgraad: gemiddeld**

**Ingrediënten:**

- Zout en peper
- Franse linzen - 1 kop, geplukt en gespoeld
- Knoflook - 5 teentjes, licht geplet en geschild
- Laurierblad - 1
- Extra vergine olijfolie - 5 eetl.
- Wijnazijn - 3 el.
- Ontpitte Kalamata-olijven - ½ kopje, gehakt
- Gehakte verse munt - ½ kopje
- Sjalot - 1 grote, fijngehakt
- Fetakaas - 1 ounce, verkruimeld

**Tips:**

Voeg 4 kopjes warm water en 1 eetl. zout in een kom. Voeg de linzen toe en zet 1 uur op kamertemperatuur. Laat goed uitlekken.

Plaats het ovenrek in het midden en verwarm de oven tot 325F. Meng de linzen, 4 kopjes water, knoflook, laurier en ½ tsp. zout in de pan. Dek af en plaats de pan in de oven en kook gedurende 40 tot 60 minuten tot de linzen zacht zijn.

Laat de linzen goed uitlekken, gooi de knoflook en het laurierblad weg. Meng in een grote kom de olie en azijn. Voeg sjalotten, munt, olijven en linzen toe en meng om te combineren.

Breng op smaak met peper en zout. Schik mooi in een serveerschaal en garneer met feta. Dienen.

**Voedingswaarden (per 100g):** 249 calorieën 14,3 g vet 22,1 g koolhydraten 9,5 g eiwit 885 mg natrium

# Kikkererwten met knoflook en peterselie

**Bereidingstijd: 5 minuten**
**kooktijd**: 20 minuten
**Porties: 6**
**Moeilijkheidsgraad: gemiddeld**

**Ingrediënten:**

- Extra vierge olijfolie - ¼ kopje
- Knoflook - 4 teentjes, in dunne plakjes gesneden
- Rode pepervlokken - 1/8 theel.
- Uien - 1, gehakt
- Zout en peper
- Kikkererwten - 2 blikken van 15 oz, afgespoeld
- Kippenbouillon - 1 kop
- Gehakte verse peterselie - 2 el.
- Citroensap - 2 el.

**Tips:**

Voeg in de pan 3 eetl. olie en bak de knoflook en chilivlokken 3 minuten. Voeg ui en ¼ tl toe. zout en kook gedurende 5 tot 7 minuten.

Voeg de kikkererwten en bouillon toe en breng aan de kook. Zet het vuur lager en kook afgedekt 7 minuten op laag vuur.

Dek af en zet het vuur hoog en kook gedurende 3 minuten tot alle vloeistof is verdampt. Zet opzij en voeg citroensap en peterselie toe.

Breng op smaak met peper en zout. Besprenkel met 1 eetl. olie en serveer.

**Voedingswaarden (per 100g):**611 calorieën 17,6 g vet 89,5 g koolhydraten 28,7 g eiwit 789 mg natrium

# Kikkererwtencompote met aubergine en tomaten

**Bereidingstijd: 10 minuten**

**kooktijd**: 60 minuten

**Porties: 6**

**Moeilijkheidsgraad: Makkelijk**

**Ingrediënten:**

- Extra vierge olijfolie - ¼ kopje
- Uien - 2, gehakt
- Groene paprika - 1, fijngehakt
- Zout en peper
- Knoflook - 3 teentjes, fijngehakt
- Gehakte verse oregano - 1 eetl.
- Laurierblaadjes - 2
- Aubergine - 1 pond, in stukjes van 1 inch gesneden
- Tomaten, geheel geschild - 1 blik, uitgelekt met gereserveerde sappen, gehakt
- Kikkererwten - 2 blikken (15 ons), uitgelekt met 1 kopje gereserveerde vloeistof

**Tips:**

Plaats het ovenrek in het midden onderaan en verwarm de oven tot 400F. Verhit de olie in een Nederlandse oven. Voeg paprika, ui, ½ theel. zout en ¼ tl. peper. Bak gedurende 5 minuten.

Meng 1 eetl. oregano, knoflook en laurierblaadjes en kook gedurende 30 seconden. Voeg tomaten, aubergine, gereserveerd sap, kikkererwten en gereserveerde vloeistof toe en breng aan de kook. Zet de pan in de oven en bak onafgedekt gedurende 45 tot 60 minuten. Door tweemaal te mengen.

Gooi de laurierblaadjes weg. Voeg 2 eetl. oregano en breng op smaak met zout en peper. Dienen.

**Voedingswaarden (per 100g):** 642 calorieën 17,3 g vet 93,8 g koolhydraten 29,3 g eiwit 983 mg natrium

# Griekse citroenrijst

**Bereidingstijd: 20 minuten**

**kooktijd**: 45 minuten

**Porties: 6**

**Moeilijkheidsgraad: gemiddeld**

**Ingrediënten:**

- Langkorrelige rijst - 2 kopjes, ongekookt (20 minuten geweekt in koud water, daarna uitgelekt)
- Extra vierge olijfolie - 3 eetl.
- Gele ui - 1 middelgrote, gehakt
- Knoflook - 1 kruidnagel, fijngehakt
- Orzo-pasta - ½ kopje
- Sap van 2 citroenen plus schil van 1 citroen
- Natriumarme bouillon - 2 kopjes
- Snufje zout
- Gehakte peterselie - 1 grote handvol
- Venkel - 1 eetl.

**Tips:**

Verhit in een pan 3 el. Extra vergine olijfolie. Voeg ui toe en bak 3-4 minuten. Voeg de orzo pasta en knoflook toe en roer om te combineren.

Voeg vervolgens rijst toe aan de vacht. Bouillon en citroensap toevoegen. Breng aan de kook en verminder het vuur. Dek af en kook ongeveer 20 minuten.

Van het vuur halen. Dek af en zet 10 minuten opzij. Ontdek en meng citroenschil, dille en peterselie. Dienen.

**Voedingswaarden (per 100g):** 145 calorieën 6,9 g vet 18,3 g koolhydraten 3,3 g eiwit 893 mg natrium

# Knoflook en kruidenrijst

**Bereidingstijd: 10 minuten**

**kooktijd**: 30 minuten

**Porties: 4**

**Moeilijkheidsgraad: Makkelijk**

**Ingrediënten:**

- Extra vergine olijfolie - ½ kopje, verdeeld
- Grote teentjes knoflook - 5, fijngehakt
- Bruine jasmijnrijst - 2 kopjes
- Water - 4 glazen
- Zeezout - 1 eetl.
- zwarte peper - 1 eetl.
- Gehakte verse bieslook - 3 el.
- Gehakte verse peterselie - 2 el.
- Gehakte verse basilicum - 1 eetl.

**Tips:**

Voeg in een pan een kopje olijfolie, knoflook en rijst toe. Roer en verwarm op middelhoog vuur. Meng met water, zeezout en zwarte peper. Meng dan opnieuw.

Breng aan de kook en verminder het vuur. Laat onafgedekt sudderen, af en toe roeren.

Als het water bijna is opgenomen, meng je de resterende olie met de basilicum, peterselie en bieslook.

Roer tot de kruiden gemengd zijn en al het water is opgenomen.

**Voedingswaarden (per 100g):**304 calorieën 25,8 g vet 19,3 g koolhydraten 2 g eiwit 874 mg natrium

# Mediterrane rijstsalade

**Bereidingstijd: 10 minuten**
**kooktijd**: 25 minuten
**Porties: 4**
**Moeilijkheidsgraad: gemiddeld**

**Ingrediënten:**

- Extra vergine olijfolie - ½ kopje, verdeeld
- Langkorrelige bruine rijst - 1 kop
- Water - 2 glazen
- Vers citroensap - ¼ kopje
- Knoflookteen - 1, fijngehakt
- Gehakte verse rozemarijn - 1 eetl.
- Gemalen verse munt - 1 eetl.
- Witlof - 3, gehakt
- Rode peper - 1 middelgrote, gehakt
- Kaskomkommer - 1, gehakt
- Gehakte hele groene ui - ½ kopje
- Gehakte Kalamata-olijven - ½ kopje
- Rode pepervlokken - ¼ theelepel.
- Gemalen fetakaas - ¾ kopje
- Zeezout en zwarte peper

**Tips:**

Verhit ¼ kopje olijfolie, rijst en een snufje zout in een pan op laag vuur. Roer om de rijst te coaten. Voeg water toe en laat sudderen tot het water is opgenomen. Af en toe roeren. Doe de rijst in een grote kom en laat afkoelen.

Meng in een andere kom de resterende ¼ kopje olijfolie, rode pepervlokken, olijven, groene ui, komkommer, paprika, witlof, munt, rozemarijn, knoflook en citroensap.

Doe de rijst in het mengsel en roer om te combineren. Meng de fetakaas voorzichtig.

Proef en pas de smaak aan. Dienen.

**Voedingswaarden (per 100g):** 415 calorieën 34 g vet 28,3 g koolhydraten 7 g eiwit 4755 mg natrium

# Frisse bonen-tonijnsalade?

**Bereidingstijd: 5 minuten**

**kooktijd**: 20 minuten

**Porties: 6**

**Moeilijkheidsgraad: Makkelijk**

**Ingrediënten:**

- Gepelde verse bonen (geschild) - 2 kopjes
- Laurierblaadjes - 2
- Extra vierge olijfolie - 3 eetl.
- Rode wijnazijn - 1 eetl.
- Zout en zwarte peper
- Premium Tonijn - 1 6oz blik, verpakt in olijfolie
- Gezouten kappertjes - 1 eetl. geweekt en gedroogd
- fijngehakte peterselie - 2 el.
- Rode ui - 1, in plakjes

**Tips:**

Kook licht gezouten water in een steelpan. Voeg bonen en laurierblaadjes toe; Kook vervolgens 15 tot 20 minuten of tot de bonen zacht maar nog steeds stevig zijn. Giet af, gooi smaken weg en doe in een kom.

Breng de bonen onmiddellijk op smaak met azijn en olie. Voeg zout en zwarte peper toe. Meng goed en breng op smaak. Laat de tonijn uitlekken en verkruimel het tonijnvlees over de bonensalade. Voeg peterselie en kappertjes toe. Roer om te combineren en strooi er plakjes rode ui over. Dienen.

**Voedingswaarden (per 100g):**85 calorieën 7,1 g vet 4,7 g koolhydraten 1,8 g eiwit 863 mg natrium

# Heerlijke pasta met kip

**Bereidingstijd: 10 minuten**

**kooktijd**: 17 minuten

**Porties: 4**

**Moeilijkheidsgraad: Makkelijk**

**Ingrediënten:**

- 3 kipfilets, zonder vel, zonder bot, in stukjes gesneden
- 9 ons volkoren pasta
- 1/2 kopje gesneden olijven
- 1/2 kopje gedroogde tomaten
- 1 eetlepel geroosterde rode paprika, fijngehakt
- 14 ons ingeblikte tomaten, in blokjes gesneden
- 2 kopjes marinarasaus
- 1 kopje kippenbouillon
- Peper
- Zout

**Tips:**

Voeg alle ingrediënten behalve volkorenpasta toe aan de instantpan.

Sluit het deksel en kook op hoog vermogen gedurende 12 minuten.

Als je klaar bent, laat je de druk op natuurlijke wijze ontsnappen. Verwijder de cover.

Pasta toevoegen en goed mengen. Sluit de pot, selecteer de handmatige modus en stel de timer in op 5 minuten.

Als je klaar bent, laat je de druk 5 minuten ontsnappen en laat je de rest los met de snelspanner. Verwijder de cover. Meng goed en serveer.

**Voedingswaarden (per 100g):**615 calorieën 15,4 g vet 71 g koolhydraten 48 g eiwit 631 mg natrium

# Rijstkom met Taco-smaak

**Bereidingstijd: 10 minuten**

**kooktijd**: 14 minuten

**Porties: 8**

**Moeilijkheidsgraad: gemiddeld**

**Ingrediënten:**

- 1 pond rundergehakt
- 8 ons cheddarkaas, geraspt
- 14 ons ingeblikte bonen
- 2 ons taco-kruiden
- 16 ons salsa
- 2 glazen water
- 2 kopjes bruine rijst
- Peper
- Zout

**Tips:**

Zet de Instant Pot in sauteermodus.

Voeg het vlees toe aan de pan en bak tot het bruin is.

Voeg water, bonen, rijst, tacokruiden, peper en zout toe en meng goed.

Werk af met salsa. Sluit het deksel en kook op hoog vermogen gedurende 14 minuten.

Als u klaar bent, laat u de druk ontsnappen met de snelspanner. Verwijder de cover.

Voeg de cheddarkaas toe en roer tot de kaas smelt.

Serveer en geniet.

**Voedingswaarden (per 100g):** 464 calorieën 15,3 g vet 48,9 g koolhydraten 32,2 g eiwit 612 mg natrium

# Lekkere macaroni en kaas?

**Bereidingstijd: 10 minuten**

**kooktijd**: 10 minuten

**Porties: 6**

**Moeilijkheidsgraad: Makkelijk**

**Ingrediënten:**

- 16 ons volkoren elleboogpasta
- 4 glazen water
- 1 kop ingeblikte tomaat, in blokjes
- 1 theelepel gehakte knoflook
- 2 eetlepels olijfolie
- 1/4 kopje groene ui, gehakt
- 1/2 kop Parmezaanse kaas, geraspt
- 1/2 kopje mozzarella kaas, geraspt
- 1 kop geraspte cheddarkaas
- 1/4 kopje passata
- 1 kopje ongezoete amandelmelk
- 1 kopje ingemaakte artisjokken, in blokjes gesneden
- 1/2 kopje zongedroogde tomaten, in plakjes
- 1/2 kopje gesneden olijven
- 1 theelepel zout

**Tips:**

Voeg de noedels, het water, de tomaten, de knoflook, de olie en het zout toe aan de instantpan en meng goed. Dek af met een deksel en kook op hoog vuur.

Als je klaar bent, laat je de druk een paar minuten ontsnappen en laat je de rest los met de snelspanner. Verwijder de cover.

Zet de pan op sauteerstand. Voeg groene uien, Parmezaanse kaas, mozzarella, cheddar, passata, amandelmelk, artisjok, zongedroogde tomaten en olijfolie toe. Goed mengen.

Meng goed en kook tot de kaas smelt.

Serveer en geniet.

**Voedingswaarden (per 100g):** 519 calorieën 17,1 g vet 66,5 g koolhydraten 25 g eiwit 588 mg natrium

# Komkommer Olijf Rijst

**Bereidingstijd: 10 minuten**

**kooktijd**: 10 minuten

**Porties: 8**

**Moeilijkheidsgraad: gemiddeld**

**Ingrediënten:**

- 2 kopjes rijst, afgespoeld
- 1/2 kopje ontpitte olijven
- 1 kopje gehakte komkommer
- 1 eetlepel rode wijnazijn
- 1 theelepel geraspte citroenschil
- 1 eetlepel vers citroensap
- 2 eetlepels olijfolie
- 2 kopjes groentebouillon
- 1/2 theelepel gedroogde oregano
- 1 rode paprika, gehakt
- 1/2 kopje gehakte ui
- 1 eetlepel olijfolie
- Peper
- Zout

**Tips:**

Voeg olie toe aan de binnenpan van de Instant Pot en selecteer de pan in de sauteermodus. Voeg de ui toe en bak 3 minuten. Voeg de paprika en oregano toe en bak 1 minuut mee.

Voeg rijst en bouillon toe en meng goed. Sluit het deksel en kook op hoog vermogen gedurende 6 minuten. Als u klaar bent, laat u de druk 10 minuten ontsnappen en laat u de rest los met de snelspanner. Verwijder de cover.

Voeg de rest van de ingrediënten toe en meng goed. Serveer direct en geniet ervan.

**Voedingswaarden (per 100g):** 229 calorieën 5,1 g vet 40,2 g koolhydraten 4,9 g eiwit 210 mg natrium

# Smaken van kruidenrisotto

**Bereidingstijd: 10 minuten**

**kooktijd**: 15 minuten

**Porties: 4**

**Moeilijkheidsgraad: gemiddeld**

**Ingrediënten:**

- 2 kopjes rijst
- 2 eetlepels Parmezaanse kaas, geraspt
- 3,5 ons slagroom
- 1 eetlepel verse oregano, gehakt
- 1 eetlepel verse basilicum, gehakt
- 1/2 el gehakte salie
- 1 ui, gesnipperd
- 2 eetlepels olijfolie
- 1 theelepel gehakte knoflook
- 4 kopjes groentebouillon
- Peper
- Zout

**Tips:**

Voeg olie toe aan de binnenpan van de Instant Pot en klik de pot in de sauteermodus. Voeg de knoflook en ui toe aan de binnenpan van de Instant Pot en zet de pot aan om te sauteren. Voeg knoflook en ui toe en bak 2-3 minuten.

Voeg de rest van de ingrediënten behalve de Parmezaanse kaas en slagroom toe en meng goed. Sluit het deksel en kook op hoog vermogen gedurende 12 minuten.

Als je klaar bent, laat je de druk 10 minuten ontsnappen en laat je de rest los met de snelspanner. Verwijder de cover. Voeg zure room en kaas toe en serveer.

**Voedingswaarden (per 100g):** 514 calorieën 17,6 g vet 79,4 g koolhydraten 8,8 g eiwit 488 mg natrium

# Heerlijke Pasta Primavera

**Bereidingstijd: 10 minuten**

**kooktijd**: 4 minuten

**Porties: 4**

**Moeilijkheidsgraad: Makkelijk**

**Ingrediënten:**

- 8 ons volkoren penne
- 1 eetlepel vers citroensap
- 2 el verse peterselie, gehakt
- 1/4 kopje gehakte amandelen
- 1/4 kop Parmezaanse kaas, geraspt
- 14 ons ingeblikte tomaten, in blokjes gesneden
- 1/2 kop pruimen
- 1/2 kopje gehakte courgette
- 1/2 kopje asperges
- 1/2 kopje gehakte wortelen
- 1/2 kopje gehakte broccoli
- 1 3/4 kopjes groentebouillon
- Peper
- Zout

**Tips:**

Voeg de bouillon, peren, tomaten, pruimen, courgette, asperges, wortels en broccoli toe aan de instantpan en meng goed. Sluit en kook op hoge snelheid gedurende 4 minuten. Als u klaar bent, laat u de druk ontsnappen met de snelspanner. Verwijder het deksel. Meng de rest van de ingrediënten goed en serveer.

**Voedingswaarden (per 100g):** 303 calorieën 2,6 g vet 63,5 g koolhydraten 12,8 g eiwit 918 mg natrium

# Pasta Met Geroosterde Paprika

**Bereidingstijd: 10 minuten**

**kooktijd**: 13 minuten

**Porties: 6**

**Moeilijkheidsgraad: gemiddeld**

**Ingrediënten:**

- 1 pond volkoren penne pasta
- 1 eetlepel Italiaanse kruiden
- 4 kopjes groentebouillon
- 1 eetlepel gehakte knoflook
- 1/2 gesnipperde ui
- 14oz pot geroosterde rode pepers
- 1 kopje fetakaas, verkruimeld
- 1 eetlepel olijfolie
- Peper
- Zout

**Tips:**

Voeg geroosterde paprika's toe aan een blender en mix tot een gladde massa. Voeg olie toe aan de binnenpan van de Instant Pot en zet de kan op sauteren. Voeg de knoflook en ui toe aan de binnenbeker van de Instant Pot en fruit de pot. Voeg knoflook en ui toe en bak 2-3 minuten.

Voeg de gemengde gegrilde paprika's toe en bak 2 minuten.

Voeg de resterende ingrediënten behalve fetakaas toe en meng goed. Sluit goed en kook op hoog vuur gedurende 8 minuten. Als je klaar bent, laat je de druk 5 minuten op natuurlijke wijze ontsnappen en laat je de rest los met de snelspanner. Verwijder de cover. Bestrooi met fetakaas en serveer.

**Voedingswaarden (per 100g):** 459 calorieën 10,6 g vet 68,1 g koolhydraten 21,3 g eiwit 724 mg natrium

# Basilicum Kaas Tomaat Rijst

**Bereidingstijd: 10 minuten**

**kooktijd**: 26 minuten

**Porties: 8**

**Moeilijkheidsgraad: gemiddeld**

**Ingrediënten:**

- 1 1/2 kopjes bruine rijst
- 1 kopje geraspte Parmezaanse kaas
- 1/4 kopje verse basilicum, gehakt
- 2 kopjes druiventomaten, gehalveerd
- 8 ons ingeblikte tomatensaus
- 1 3/4 kopjes groentebouillon
- 1 eetlepel gehakte knoflook
- 1/2 kopje in blokjes gesneden ui
- 1 eetlepel olijfolie
- Peper
- Zout

**Tips:**

Voeg olie toe aan de binnenkom van de Instant Pot en kies voor sauteren. Doe de knoflook en ui in de binnenpan van de Instant Pot en fruit ze aan. Voeg knoflook en ui toe en bak 4 minuten. Voeg rijst, tomatensaus, bouillon, peper en zout toe en meng goed.

Sluit en kook op hoog vuur gedurende 22 minuten.

Als je klaar bent, laat je de druk 10 minuten ontsnappen en laat je de rest los met de snelspanner. Verwijder de dop. Voeg de rest van de ingrediënten toe en meng. Serveer en geniet.

**Voedingswaarden (per 100g):** 208 calorieën 5,6 g vet 32,1 g koolhydraten 8,3 g eiwit 863 mg natrium

# Pasta met tonijn

**Bereidingstijd: 10 minuten**

**kooktijd**: 8 minuten

**Porties: 6**

**Moeilijkheidsgraad: gemiddeld**

**Ingrediënten:**

- 10 ons ingeblikte tonijn, uitgelekt
- 15 ons volkoren rotini pasta
- 4 ons mozzarellakaas, in blokjes gesneden
- 1/2 kop Parmezaanse kaas, geraspt
- 1 theelepel gedroogde basilicum
- 14 ons blik tomaten
- 4 kopjes groentebouillon
- 1 eetlepel gehakte knoflook
- 8 ons champignons, in plakjes
- 2 courgettes, in plakjes gesneden
- 1 ui, gesnipperd
- 2 eetlepels olijfolie
- Peper
- Zout

**Tips:**

Giet olie in de binnenpan van de Instant Pot en druk de pan aan om dicht te schroeien. Voeg de champignons, courgette en ui toe en bak tot de ui zacht is. Voeg knoflook toe en bak een minuutje mee.

Voeg pasta, basilicum, tonijn, tomaten en bouillon toe en meng goed. Sluit en kook op hoge snelheid gedurende 4 minuten. Als u klaar bent, laat u de druk gedurende 5 minuten ontsnappen en laat u de rest los met de snelspanner. Verwijder de cover. Voeg de rest van de ingrediënten toe, meng goed en serveer.

**Voedingswaarden (per 100g):** 346 calorieën 11,9 g vet 31,3 g koolhydraten 6,3 g eiwit 830 mg natrium

# Panini mix van avocado en kalkoen

**Bereidingstijd: 5 minuten**

**kooktijd**: 8 minuten

**Porties: 2**

**Moeilijkheidsgraad: Makkelijk**

**Ingrediënten:**

- 2 rode paprika's, geroosterd en in reepjes gesneden
- ¼ pond gerookte mesquite kalkoenfilet, dun gesneden
- 1 kopje verse hele spinazieblaadjes, verdeeld
- 2 provolone-pleisters
- 1 eetlepel olijfolie, verdeeld
- 2 ciabattabroodjes
- ¼ kopje mayonaise
- ½ rijpe avocado

**Tips:**

Pureer mayonaise en avocado in een kom. Verwarm vervolgens de paninipers voor.

Snijd de broodjes doormidden en bestrijk ze met olijfolie. Leg dan de vulling op de weg: provolone, kalkoenfilet, geroosterde rode paprika, spinazieblaadjes en besmeer met het avocadomengsel en bedek met de tweede snee brood.

Leg de tosti in de paninipers en gril 5-8 minuten, tot de kaas gesmolten is en het brood krokant en gerimpeld is.

**Voedingswaarden (per 100g):** 546 calorieën 34,8 g vet 31,9 g koolhydraten 27,8 g eiwit 582 mg natrium

# Fattoush - Brood van het Midden-Oosten

**Bereidingstijd: 10 minuten**

**kooktijd**: 15 minuten

**Porties: 6**

**Moeilijkheidsgraad: moeilijk**

**Ingrediënten:**

- 2 pitabroodjes
- 1 el extra vergine olijfolie
- 1/2 theelepel sumak, meer voor later
- Zout en peper
- 1 hart romaine sla
- 1 Engelse komkommer
- 5 Roma-tomaten
- 5 groene uien
- 5 radijzen
- 2 kopjes gehakte verse peterselie
- 1 kopje gehakte verse muntblaadjes
- <u>Ingrediënten dressing:</u>
- 1 1/2 limoen, sap
- 1/3 kopje extra vergine olijfolie
- Zout en peper
- 1 theelepel gemalen sumak
- 1/4 theelepel gemalen kaneel
- kleine 1/4 theelepel gemalen piment

**Tips:**

Toast het pitabroodje 5 minuten in de broodroosteroven. En breek dan het pitabroodje in stukjes.

Verhit in een grote koekenpan op middelhoog vuur 3 el olijfolie gedurende 3 minuten. Voeg het pitabroodje toe en bak al roerend in circa 4 minuten goudbruin.

Voeg zout, peper en 1/2 theelepel sumak toe. Houd de pitabroodjes van het vuur en leg ze op keukenpapier om uit te lekken.

Meng in een grote slakom de gehakte sla, komkommer, tomaten, bieslook, gesneden radijsjes, muntblaadjes en peterselie goed door elkaar.

Meng voor de limoenvinaigrette alle ingrediënten in een kleine kom.

Voeg de dressing toe aan de salade en meng goed. Voeg pitabrood toe.

Serveer en geniet.

**Voedingswaarden (per 100g):** 192 calorieën 13,8 g vet 16,1 g koolhydraten 3,9 g eiwit 655 mg natrium

# Glutenvrije focaccia met knoflook en tomaten

**Bereidingstijd: 5 minuten**
**kooktijd**: 20 minuten
**Porties: 8**
**Moeilijkheidsgraad: moeilijk**

**Ingrediënten:**

- 1 ei
- ½ theelepel citroensap
- 1 eetlepel honing
- 4 eetlepels olijfolie
- een snufje suiker
- 1 kopje lauw water
- 1 eetlepel actieve droge gist
- 2 theelepels gehakte rozemarijn
- 2 theelepels gehakte tijm
- 2 theelepels gehakte basilicum
- 2 teentjes knoflook, gehakt
- 1 theelepel zeezout
- 2 theelepels xanthaangom
- ½ kopje gierstmeel
- 1 kopje aardappelmeel, geen meel
- 1 kopje sorghummeel
- Glutenvrij maïsmeel om te bestrooien

**Tips:**

Zet de oven 5 minuten aan en zet hem dan uit zonder de ovendeur te sluiten.

Meng lauwwarm water en een snufje suiker. Voeg gist toe en meng voorzichtig. Laat 7 minuten staan.

Meng in een grote kom de kruiden, knoflook, zout, xanthaangom, zetmeel en bloem. Als de gist rijst, giet je het in een kom met bloem. Voeg ei, citroensap, honing en olijfolie toe.

Meng goed en doe het in een goed ingevette vierkante pan, bestrooid met maïsmeel. Garneer met verse knoflook, meer kruiden en gehakte tomaten. Zet in de voorverwarmde oven en laat een half uur rijzen.

Zet de oven aan op 375oF en na 20 minuten voorverwarmen. De focaccia is klaar als de bovenkant lichtbruin is. Haal uit de oven en pan onmiddellijk en laat afkoelen. Heet het lekkerst geserveerd.

**Voedingswaarden (per 100g):** 251 calorieën 9 g vet 38,4 g koolhydraten 5,4 g eiwit 366 mg natrium

# Gegrilde champignonburgers

**Bereidingstijd: 15 minuten**

**kooktijd**: 10 minuten

**Porties: 4**

**Moeilijkheidsgraad: gemiddeld**

**Ingrediënten:**

- 2 Bibb-sla, gehalveerd
- 4 plakjes rode ui
- 4 plakjes tomaat
- 4 volkoren broodjes, geroosterd
- 2 eetlepels olijfolie
- tegen cayennepeper, optioneel
- 1 teentje knoflook, gehakt
- 1 eetlepel suiker
- ½ kopje water
- 1/3 kopje balsamicoazijn
- 4 grote doppen Portobello-paddenstoelen, ongeveer 5 inch in diameter

**Tips:**

Verwijder de stelen van de champignons en maak ze schoon met een vochtige doek. Breng over naar de bakvorm met de bakplaten naar boven gericht.

Meng in een kom de olijfolie, cayennepeper, knoflook, suiker, water en azijn goed. Giet over de champignons en marineer ze minstens een uur in de ref.

Als het uur voorbij is, verwarm je de grill voor op middelhoog vermogen en vet je het grillrooster in.

Grill de champignons vijf minuten aan elke kant of tot ze gaar zijn. Bestrijk de champignons met de marinade zodat ze niet uitdrogen.

Leg de helft van het brood op een bord, bedek met een schijfje ui, champignons, tomaat en blaadje sla. Dek af met de andere bovenste helft van het brood. Herhaal het proces met de overige ingrediënten, serveer en geniet.

**Voedingswaarden (per 100g):** 244 calorieën 9,3 g vet 32 g koolhydraten 8,1 g eiwit 693 mg natrium

# Mediterrane baba ganoush

**Bereidingstijd: 10 minuten**

**kooktijd**: 25 minuten

**Porties: 4**

**Moeilijkheidsgraad: gemiddeld**

**Ingrediënten:**

- 1 bol knoflook
- 1 rode paprika, gehalveerd en fijngehakt
- 1 el gehakte verse basilicum
- 1 eetlepel olijfolie
- 1 theelepel zwarte peper
- 2 aubergines, in de lengte doorgesneden
- 2 sneetjes plat brood of pitabroodje
- Sap van 1 citroen

**Tips:**

Smeer het grillrooster in met kookspray en verwarm de grill op middelhoog vuur.

Snijd de bovenkant van de knoflookbollen in plakjes en wikkel ze in folie. Leg op het koudste deel van de grill en bak minimaal 20 minuten. Leg de plakjes paprika en aubergine op het heetste deel van de grill. Barbecue aan beide kanten.

Zodra de uien gaar zijn, verwijder je de schil van de geroosterde knoflook en doe je de gepelde knoflook in een keukenmachine.

Voeg de olijfolie, paprika, basilicum, citroensap, gegrilde rode paprika en gegrilde aubergine toe. Mix en giet in een kom.

Grill het brood minimaal 30 seconden aan elke kant om het warm te houden. Serveer brood met aardappelpuree en geniet ervan.

**Voedingswaarden (per 100g):**231,6 calorieën 4,8 g vet 36,3 g koolhydraten 6,3 g eiwit 593 mg natrium

# Meergranen- en glutenvrije broodjes

**Bereidingstijd: 10 minuten**
**kooktijd**: 20 minuten
**Porties: 8**
**Moeilijkheidsgraad: gemiddeld**

**Ingrediënten:**

- ½ theelepel appelazijn
- 3 eetlepels olijfolie
- 2 eieren
- 1 theelepel bakpoeder
- 1 theelepel zout
- 2 theelepels xanthaangom
- ½ kopje tapiocazetmeel
- ¼ kopje bruin teffmeel
- ¼ kopje vlasmeel
- ¼ kopje amarantmeel
- ¼ kopje sorghummeel
- ¾ kopje bruine rijstmeel

**Tips:**

Meng het water en de honing goed in een kleine kom en voeg de gist toe. Laat precies 10 minuten staan.

Meng met een staafmixer: bakpoeder, zout, xanthaangom, vlasmeel, sorghummeel, teffmeel, tapiocazetmeel, amarantmeel en bruine rijstmeel.

Klop in een middelgrote kom de azijn, olie en eieren door elkaar.

Giet het azijn-gistmengsel in de kom met de droge ingrediënten en meng goed.

Vet 12 muffinvormpjes in met bakspray. Verdeel het beslag gelijkmatig over 12 muffinvormpjes en laat een uur rijzen.

Verwarm vervolgens de oven voor op 375°C en bak de broodjes in ongeveer 20 minuten goudbruin.

Haal de scones en muffinvormpjes direct uit de oven en laat ze afkoelen.

Heet het lekkerst geserveerd.

**Voedingswaarden (per 100g):**207 calorieën 8,3 g vet 27,8 g koolhydraten 4,6 g eiwit 844 mg natrium

www.ingramcontent.com/pod-product-compliance
Lightning Source LLC
Chambersburg PA
CBHW071432080526
44587CB00014B/1813